KB107423

문형으로 익히는
일본어 원서 독해

이용미 저

문형으로 익히는
일본어 원서 독해

머리말

본 교재는 일본어 고급 문장의 독해 실력을 다지고 다양한 문형을 익히기 위한 목적으로 만들어졌습니다. 수많은 일본어 독해 교재가 있지만 주로 초급 위주의 문법 구성과 무미건조한 내용이 대부분입니다. 따라서 중급 실력 이상의 학습자를 위한 일본어 독해 교재가 필요하다는 생각으로 본 교재를 만들었습니다.

본 교재의 특징 및 구성은 다음과 같습니다.

첫째, 정제된 문장 및 문형을 통한 표현 이해.

수필, 논설, 소설, 시 등 다양한 장르의 정제된 글을 실었습니다. 단순히 해석 위주의 독해 수준을 넘어 일본어 특유의 문장 표현 및 감성을 이해하는데 도움이 될 것입니다.

둘째, 다양한 예문을 통한 문형 설명.

다양한 예문을 통한 충실한 문형 설명에 힘썼습니다. 비슷한 의미를 지니는 유사 문형과의 뉘앙스 차이를 자세히 설명함으로써 독해뿐만 아니라 일본어 능력시험 및 JTP, 일본어유학시험(EJU) 등, 각종 자격증 시험에 대비할 수 있도록 구성하였습니다.

셋째, 본문 난이도의 단계별 구성.

본문은 3과를 하나의 단위(Unit)로 하여 난이도 단계를 조정하였습니다. 본문의 내용 및 수준에 따라 각각 '1과(워밍업)→2과(집중)→3과(심화)'의 단계로 배열하여 학습자의 수준에 따른 본문 선택 학습이 가능하도록 배열하였습니다.

단순한 일본어 독해를 넘어 사고의 깊이를 넓힐 수 있는 문장을 골랐습니다. 모쪼록 본 교재를 통해 일본어의 깊이를 이해하는 계기가 되기를 바랍니다. 마지막으로 제이앤씨 편집 관계자 여러분의 노고에 머리 숙여 감사를 드립니다.

저자 이용미

목 차

Unit. 1

Unit. 2

Unit. 3

Unit. 4

Unit. 5

Unit. 6

Unit. 7

문형으로 익히는
일본어 원서 독해

문형으로 익히는
일본어 원서 독해

문형으로 익히는
일본어 원서 독해

1. 勉強の心構え(1)

中谷彰宏

1

大学時代に学ばなければならないことは、勉強の仕方です。もっと言えば、厳しい勉強への覚悟です。勉強は一生しなければなりません。学校を卒業すれば、勉強をしなくてもいい。そんな甘い話はありません。勉強は一生続くのです。社会に出たら、君はきっとこう思うでしょう。**なんと**学生時代の勉強ののんびりしていた**ことか**、と。勉強は学生時代より、社会に出てからのほうが厳しいです。

勉強の仕方が身についていれば、どんなに新しいことを勉強しなければならなくなっても対応できる**はず**です。勉強しなければならない内容は、卒業してからもどんどん

ことば

- 仕方：方法、手段。 수단, 방법
- 厳しい：엄하다, 험하다, 냉엄하다, 호되다
- 覚悟：각오
- 甘い：(맛이)달다, 달콤하다, 만만하다, 느슨하다
- のんびり：(한가롭고 평온한 모양)유유히, 태평스레, 한가로이
- 身につく：① 知識、学問、技術などが自分のものになる。몸에 배다, 제것이 되다 ② 衣服が体に合っている。
- 対応：대응

増えていくし、変わっていきます。新しいこともどんどん勉強しなければならないのです。そうした時に勉強する姿勢が身についていなければ、勉強できません。学生時代に勉強の覚悟が身についていない人は、社会に出てから勉強できません。勉強できないということは、どんどん取り残されていくということなのです。

勉強には2種類あります。抗生物質型勉強と漢方薬型勉強です。すぐ役に立つのが、抗生物質型勉強。役に立つまで時間のかかるのが、漢方薬のような勉強です。趣味としてするなら、抗生物質型の勉強がいいでしょう。でも、もしそのことを君の生涯の仕事と考えるなら、漢方薬型の勉強をする**べき**です。勉強も、一見回り道に思えるようなものが、いちばん近道です。

2

あなたは自分を天才だと思いますか。天才だと**言いきれません**。同じように天才でないとも言いきれません。もし天才なのに気がつかないだけだとしたら、こんなにもったい

ことば

- 増える(하1자) : 数が多くなる。늘다, 증가하다, 불어나다
- 姿勢 : 자세
- 取り残す(5자) : ① 남겨두다
  ② 수동형 '取り残される'의 꼴로, (혼자) 남겨지다, 뒤떨어지다, 뒤처지다
- 抗生物質 : 항생물질
- 漢方薬 : 한방약
- 役に立つ : 쓸모가 있다, 도움이 되다
- 趣味 : 취미
- 生涯 : 생애
- 一見 : (부사적으로) ちょっと見たところ。언뜻보기에(는), 한번 본 느낌으로는
- 回り道 : 길을 돌아서 감, 우회로
- 近道 : 지름길
- 天才 : 천재
- 言いきる(5타) : 断言する、言い終える。잘라 말하다, 단언하다

ないことはありません。努力で天才にはなれません。でも気づくことはできるのです。どんな天才も量のすくないものはだめです。一点しかない天才の名作というのは存在しないのです。たとえば、ピカソの絵が1枚しかなかったら、ピカソであったとしても売れません。画商は絶対つかない。10枚だったら? まだまだ。100枚だったら? まだまだ足りません。たとえピカソであっても、です。

量と質を兼ね備えたのが天才です。ですから質だけの天才は存在しません。君はまだ無名の天才です。今のうちに量をためることです。とにかく売れてないうちに、どれだけ量をためるかです。ピカソは8万点の絵があるわけです。8万点というと、猛烈な量です。90年以上生きましたから、10歳から描いたとして、80年間で8万点ということは、1年で1000枚です。1年1000枚ということは、1日3枚です。80年間ずっとです。時間のかかる油絵も描いています。彫像も作っています。天才ですらこれだけの量をやっている。量ができるのが天才なのです。

もっと効率のいい勉強の仕方は、とにかく量をこなすことです。どうしたら無駄のない

ことば

- 気がつく：① (눈에 띄거나 하여) 생각이 미치다 ② 의식을 회복하다, 정신이 들다
- もったいない：아깝다, 죄스럽다, 황송하다
- 努力：노력
- 名作：명작
- 例えば：예를 들면
- 画商：화상, 그림을 사고 파는 상인
- 絶対：절대
- 足りる(상1자)：충분하다, 족하다
- 量：양
- 質：질
- 兼ね備える(하1타)：겸비하다, 함께 갖추다
- 無名：무명
- ためる：한곳에 모아 두다, 모으다, 쌓다
- とにかく：여하튼, 아무튼, 어찌되었든
- 猛烈：맹렬
- 油絵：유화
- 彫像：조각상
- 効率：효율
- 無駄：役に立たないこと、益のないこと。보람이 없음, 쓸데없음, 헛됨, 낭비

勉強の仕方があるかと考えてしまうのですが、これが一番効率が悪いのです。まず量です。量がどんどん積み重なって、ある時初めて質に転換するのです。一つ一つのものは、非常にささいなものです。ささいな値打ちのないものだけれども、こだわらないで続ける。そうすると、オセロで白が黒に変わるようにパラパラと全部が変わっていく瞬間があります。

—『大学時代しなければならない50のこと』の中—

ことば

- 積み重なる(5자) : 겹겹이 쌓이다, 겹쳐 쌓이다
- 転換 : 전환
- 非常に : 平凡でないさま。매우, 대단히, 상당히
- ささい : わずかな。사소함, 아주 작은
- 値打ち : 値段、評価、品格。값, 값어치
- こだわる(5자) : 구애되다, (사소한 것에)신경 쓰다
- パラパラと : (책장 등을 빠르게 넘기는 모양)훌훌, 많은 것이 (가벼운 소리를 내며) 흩어져 나오는 모양
- 全部 : 전부
- 瞬間 : 순간

문형 이해

1 **なんと~(だろう・でしょう)か : 얼마나~인(것인)가.**
놀라움, 한탄, 자조, 감탄 등의 기분을 나타내고자 할 때 쓰이는 표현.
회화체에서는 「なんて~んだろう」의 형태로 쓰이기도 한다.

❶ なんと美しい人だろうか。

얼마나 아름다운 사람인가!

❷ 彼女の気持ちを理解できない私は、なんとバカなのか。

그녀의 기분을 이해하지 못한 나는 얼마나 바보인가!

❸ このステーキはなんてやわらかいんだろう。

이 스테이크는 어쩜 이렇게 부드러울까!

2 **はず : 말하는 사람이 나름대로의 근거를 바탕으로 당연하다는 생각을 나타내고자 할 때 쓰이는 형식명사이다.**
보통 판단이나 납득, 예정 등의 의미를 강조할 때에 쓰인다.

1) 판단

❶ あれから4年経ったのだから、今年はあの子も卒業したはずだ。

그때 이후로 4년이 지났으니까 올해는 그 아이도 졸업했을 거야.

❷ 今はにぎやかなこの町も、昔は静かだったはずです。

지금은 (이렇게) 번화한 거리도 옛날에는 조용했을 겁니다.

2) 납득

❶ (作品を見ながら)彼が自慢するはずだ。ほんとうにすばらしい作品なんだ。

(작품을 보면서) 그가 자랑할 만하네. 정말 멋진 작품이야.

❷ この部屋寒いね。(窓が開けているのを見つけて)寒いはずだ。窓が開いているよ。

이 방, 춥네. (창문이 열려있는 걸 발견하고) 추울 만도 하네. 문이 열려 있잖아.

3) 예정

❶ バスの出発時間は11時のはずです。

버스 출발 시간은 11시일 겁니다.

❷ 1時に来るはずなのに、友だちはまだ来ない。

1시에 올 건데(예정인데), 친구는 아직 안 오네.

✿ はずがない : 가능성의 부정으로 '~(할)리가 없다'의 의미.

あんなに真面目な人がそのようなうそをつくはずがない。

그렇게 성실한 사람이 그 같은 거짓말을 할 리가 없다.

✿ 동사 과거형 た+はず : 당연하다고 생각한 일이 현실과 다른 경우에 후회나 납득가지 않는 심정을 나타낸다. '한 것 같은데…….'라는 의미를 나타낸다.

ちゃんとかばんの中に入れたはずなのに、家に帰ってみると、財布がない。

확실히 가방 안에 넣었던 것 같은데 집에 돌아와 보니 지갑이 없어.

3 **べき : 사회 통념상 '~하는 것이 당연하다' '~하는 것이 옳다' '~해야만 한다' 라는 뜻을 나타낸다. 말하는 사람의 판단을 전제로 듣는 사람에게 충고, 권유, 금지, 명령 등의 의미를 전달할 때 사용된다.**

❶ 学生は勉強す(る)べきだ。

학생은 (모름지기) 공부해야만 한다.

❷ 女性はいつも化粧をして美しくあるべきだなどという考えには賛成できない。

여성은 항상 화장을 하고 예쁘게 있어야만 한다는 생각에는 동의할 수 없다.

❸ エジプトのピラミッドは永遠に残すべき人類の遺産である。

이집트의 피라미드는 영원히 남겨야만 할 인류의 유산이다.

❹ あの時、彼女に「愛している」と言うべきだった。

그때, 그녀에게 "사랑한다"고 말했어야했다.

❺ この仕事は君がやるべきではない。

이 일은 자네가 할 일이 아니야.(해서는 안 돼)

❻ あんなひどいことは言うべきではなかった。

그런 심한 말은 하는 게 아니었어.

✿ べし : 문어체 표현으로 보통 명령조의 관용구로 사용된다.

① 放課後、全員残るべし。

방과 후, 전원 남을 것.

② 図書館では静かにすべし。

도서관에서는 조용히 할 것.

✿ 「する」동사는「すべき」,「するべき」두 표현 모두 가능하다.

4 동사 ます형+きる : 완전히〜하다.
동작이나 행위의 완료, 완수 등의 의미를 나타낸다.

❶ お金を使いきってしまった。

돈을 몽땅 다 써버렸다.

❷ 山道を登りきったところに、小屋があった。

산길을 다 올라간 곳에 오두막이 있었다.

❸ 無理な仕事をして、彼は疲れきっています。

무리한 일을 해서 그는 완전히 녹초가 되었습니다.

❹ 彼女は絶対に自分が正しいと言い切った。

그녀는 절대로 자신이 옳다고 딱 잘라 말했다.

✿ ~きれない : '완전히 ~할 수 없다' 혹은 '충분히 ~할 수 없다'의 의미를 나타낸다.

① その人との別れは、あきらめきれないつらい思い出として、今でも私の胸の中にある。

그 사람과의 이별은 깨끗이 지울 수 없는 괴로운 추억으로 아직도 내 가슴 속에 있다.

② 息子に会えなければ、死んでも死にきれない。

아들을 만나지 못하면 죽어도 눈을 감을 수 없다.

5 ~ないうちに : ~하기 전에

「~うちに」는 보통, '~하는 동안에 ~하다'의 뜻이므로 「 ~ないうちに」는 '~하기 전에(=する前に)'라는 의미를 갖는다.

❶ あの先生の授業は退屈で、聞いているうちに、いつも眠くなる。

그 선생님의 수업은 지루해서 듣고 있는 동안에 늘 졸음이 온다.

❷ あなたが寝ているうちに地震があったんですよ。

당신이 잠든 사이에 지진이 있었어요.

❸ 子供が帰らないうちに(=帰る前に)掃除する。

아이가 돌아오기 전에 청소한다.

❹ 冷めないうちにどうぞ。

식기 전에 어서 드세요.

6 すら : ~마저, ~조차,(=さえ)

하나의 예를 들어서 '이것마저 이러하니 그 밖의 것은 말할 것도 없다'라는 의미를 나타낸다. 주격에 붙을 때는「**ですら**」로 쓰이는 경우가 많다.

❶ そんなことは子供ですら知っている。

그런 건 아이들마저 알고 있다.

❷ 昔、世話になった人の名前すら忘れてしまった。

옛날, 신세진 사람 이름조차 잊어버렸다.

❸ 仕事が忙しくて日曜日すら休めない。

일이 바빠서 일요일조차 쉴 수 없다.

✿「さえ」는 좋은 의미나 좋지 않은 의미 모두 쓰이나,「すら」는 얕보거나 경시의 감정을 담고 있기에 좋지 않은 의미를 표현하는 데에 쓰인다.

① 小学生なのに、高校の数学問題さえ(すら△)できる。

초등학생인데도 고등학교 수학 문제마저 풀 수 있다.

② 高校生なのに、小学校の数学問題さえ(すら○)できない。

고등학생인데도 초등학교 수학 문제조차 풀지 못한다.

MEMO

2. 心をつなぐ言葉

堀田力

心をつなぐ言葉は相手の立場に立った言葉であり、心を遠ざける言葉は自分の立場に立った言葉である。このことは、職場においても同じである。遠い昔、私が法務省刑事局で法案(罰則)審査をしていた時の話である。某省から持ち込まれた法案のある条文の意味がどう考えてもあいまいで、二様に解釈できる文言になっている。これでは罰則は付けられないというので押し問答[1)]をしているうち、午前2時になった。

- つなぐ(5타)：매어두다, 묶어두다
- 遠ざける(하1타)：멀리하다, 물리치다
- 職場：직장
- 法務省刑事局：법무성 형사국
- 罰則：벌칙, 처벌의 규칙
- 審査：심사
- 某：모, 아무개
- 持ち込む(5타)：갖고 들어오다, 반입하다
- 法案：법안
- 条文：조문
- 二様：두 가지, 두 종류
- 解釈：해석
- 文言：문언
- 押し問答：입씨름, 승강이

1) 押し問答：互いに言い張って譲らないこと。입씨름, 실랑이.

国会提出期限はその日の早朝が限度という状態の中で、相手の役人は「通してくれないなら死ぬ」という。私は「あなたを個人的に責めているのではない」と一生懸命なぐさめると、相手は大声で**泣き出した**。困っていると、やっとすすり泣きになった彼は、「悲しくて泣いているのではない。嬉しくて泣いているのだ」という。何のことか分からない。彼が鼻ズルズルで説明した**ところ**によれば、その昔、彼は大蔵省に予算をとりに行って断られ、その時も「死ぬ」と言ったらしい。そしたら大蔵省の担当官が「こんなところで死なれたら始末に困る。自分の役所に帰って、飛び降りてくれ」といったそうだ。「大蔵省の役人と違って、法務省の役人はなぐさめてくれた。その心が嬉しい」とさらに泣かれてしまった。言った方はその場**限り**で忘れてしまうのだろうが、言われた方の恨みは何十年も残る。心の傷は身体の傷と違って、治癒しない。

ことば

- 国会 : 국회
- 提出 : 제출
- 期限 : 기한
- 早朝 : 이른 아침
- 限度 : 한도
- 状態 : 상태
- 相手 : 상대
- 役人 : 公務員。관리, 공무원
- 通す(5타) : 통과시키다, 받아들이다
- 責める(하1타) : 꾸짖다, 나무라다
- なぐさめる(하1타) : 위로하다, 위안하다, 달래다
- 大声 : 큰 소리
- 泣き出す(5자) : 울기 시작하다, 울음을 터뜨리다
- 困る(5자) : 어려움을 겪다, 난처해지다, 곤혹스럽다
- すすり泣き : 흐느껴 욺, 흐느낌
- ずるずる : 훌쩍훌쩍
- 大蔵省 : 대장성, 재무성의 옛말
- 予算 : 예산
- 断る(5타) : ① 거절하다, 사절하다, ② 미리 알려서 양해를 구하다
- 担当官 : 담당관
- 始末 : 처리, 형편, 경위
- 役所 : 관청, 관공서
- 飛び降りる(상1자) : (높은 곳에서)뛰어 내리다
- 違う(5자) : 다르다, 상이하다
- 嬉しい : 기쁘다
- その場限り : その場だけで、あとに関係のないこと。그때 뿐
- 恨み : 원망, 원한
- 傷 : 상처
- 身体 : 신체
- 治癒 : 치유

2

職場の人間関係は出会った時のあいさつから始まる。「おはよう」の決まり文句でよい。言葉をかけないのは、「お前の相手はしない」と宣言しているのと同じ効果を持つ。冒頭の例のような人格否定は論外として、理屈**抜き**の押し付けも、人格無視である。「こんなことも知らんのか」という態度は、理性を越えて心(感情)を傷つける。

私が大阪地検特捜部にいた時の上司は、鬼といわれた別所汪太郎さんであったが、部下の報告を徹底的にメモされた。そして、次の報告の時は、前の時のメモを見ながら聞かれる。だからごまかしが利かない。鬼というのは事件に対する厳正な態度のことで、部下は大切にされた。

東京地検特捜部にいた時の某上司は、優秀な捜査官であったが、すべての部下の能力を疑っていた。それが言動に出るから、人間としては嫌われていた。部下を

ことば

- 決まり文句 : 상투적인 말, 판에 박힌 말
- 宣言 : 선언
- 効果 : 효과
- 冒頭 : 모두, 앞머리
- 人格 : 인격
- 否定 : 부정
- 論外 : 논외
- 理屈 : 이치, 논리, 사리
- 押し付け : 내리누름, 강압, 밀어붙임
- 無視 : 무시
- 越える(하1자) : 넘다, 넘어가다, 초월하다
- 傷付ける(하1타) : 상처를 입히다, 다치게 하다
- 地検特捜部 : 지검 특수부
- 鬼 : 도깨비, 귀신
- 報告 : 보고
- 徹底的に : 철저하게
- ごまかしがきく : 속임수가 통하다
- 厳正 : 엄정
- 優秀 : 우수
- 捜査官 : 수사관
- 疑う(5타) : 의심하다, 혐의를 두다
- 言動 : 언동
- 嫌う(5타) : 싫어하다, 미워하다

辞めさせたい時以外は「仕事をしてくれてありがとう」という気持ちを言葉に表すよう、心掛けたい。

3

仕事をしているのに、自分に責任が来ないか、自分の不利にならないかを最優先に考え、正直にもその気持ち(心配)を真っ先に口にする人がいる。「何を考えて仕事をしているんだ」と判断され、一挙に信頼を失う。上司でも部下でも同じである。

他人の前で上司であることを誇示したがる人も少なくない。普段以上に偉そうな口のきき方になる。部下の心が離れていく。素直に「ありがとう」という。無理してでも、誉める。私は、そういう上司になりたい。

ことば

- 辞める(하1타) : 사직하다, 그만두다
- 表す(5타) : 나타내다, 드러내다
- 心掛ける(하1타) : 마음을 쓰다, 유의하다
- 不利 : 불리
- 最優先 : 최우선
- 正直 : 정직
- 真っ先 : 맨 먼저, 제일 처음
- 口にする : ① 口に入れる、食べる。먹다 ② 口に出して言う。말하다
- 判断 : 판단
- 一挙に : 한꺼번에
- 信頼 : 신뢰
- 誇示 : 과시
- 偉い : 優れている。훌륭하다, 장하다, (지위나 신분이)높다
- 口を利く : ものを言う、しゃべる。말하다, 지껄이다
- 離れる(하1자) : 떨어지다, 멀어지다
- 素直に : 순순히, 고분고분히, 온순히
- 誉める(하1타) : 칭찬하다

문형 이해

1 ～において : ～에서, ～에 있어서, ～에 관하여

장소, 상황, 사고, 견해 등의 배경을 가리킨다.

❶ 会議は東京において三日間開かれた。

회의는 동경에서 3일간 열렸다.

❷ その時代において、女性が学問を志すのは珍しいことであった。

그 시대에 있어서 여성이 학문에 뜻을 두는 것은 드문 일이었다.

❸ 捜査の過程において様々なことが明らかになった。

수사과정에서 여러 가지 일들이 밝혀졌다.

❹ 大筋においてその意見は正しい。

큰 줄거리로 볼 때 그 의견은 옳다.

2 なら : ～라면(가정조건)

'(다른 경우라면 모르겠지만)A에 관한 거라면, 혹은 A의 경우라면 B가 성립한다'는 의미를 갖는다.

❶ A : 佐藤さん見ませんでしたか。

사토씨 못 보았어요?

B : 佐藤さんなら、図書館にいましたよ。

사토씨라면 도서관에 있었는데요.

❷ 山ならやっぱり富士山だ。

산이라면 역시 후지산이지.

❸ 郵便局(ゆうびんきょく)に行(い)くのなら、この手紙(てがみ)を出(だ)してもらえませんか。

우체국에 갈 거라면 이 편지를 부쳐 줄 수 없어요?

❹ A : 風邪(かぜ)をひいてしまいまして。

감기에 걸려버렸네요.

B : 風邪(かぜ)なら早(はや)く帰(かえ)って休(やす)んだほうがいいよ。

감기라면 빨리 돌아가서 쉬는 게 좋아요.

「なら」는 당연한 현상이나 시간이 지나면 자연히 이루어지는 사항을 서술할 때는 쓰이지 않는다.

① 春(はる)が来(く)るなら花(はな)が咲(さ)きます。(×)

春(はる)が(来(き)たら/ 来(く)れば/ 来(く)ると)花(はな)が咲(さ)きます。(○)

봄이 오면 꽃이 핍니다.

② 雨(あめ)が降(ふ)るなら道(みち)がぬかります。(×)

雨(あめ)が(降(ふ)ったら/ 降(ふ)れば/降(ふ)ると)道(みち)がぬかります。(○)

비가 오면 길이 젖습니다.

3 동사ます형＋だす : ～하기 시작하다

보통 자연현상이나 감정 등을 나타내는 동사에 붙어서 현상의 발생, 혹은 개시를 의미한다.

❶ 急(きゅう)に雨(あめ)が降(ふ)りだした。

갑자기 비가 내리기 시작했다.

❷ あの人(ひと)は何(なに)を言(い)いだすかわからない。

그 사람은 무슨 말을 꺼낼지 모른다.

❸ この本(ほん)はおもしろくて、読(よ)み出(だ)すとやめられない。

이 책은 재미있어서 읽기시작하면 멈출 수 없다.

「동사ます형+だす」와 비슷한 의미로는 「동사ます형 +はじめる」가 있다. 두 가지 모두 동작의 개시를 나타내지만 무의지성 동사 (예를 들어 泣(な)く、笑(わら)う、怒(おこ)る、はにかむ、照(て)れる、慌(あわ)てる 등, 감정이나 생리를 나타내는 동사 및 鳴(な)る、とどろく、響(ひび)く 등, 소리의 발생을 나타내는 동사)에는 「～だす」만 접속되며 「～はじめる」는 쓸 수 없다.

반대로 동일한 개시의 의미를 지닌다할지라도 「～だす」는 자연적, 돌발적인 성격이 강한 표현이기에 후술에 「～しなさい/～てください/～つもりだ」 등의 의지 표현을 받을 수 없으며 이 경우는 「～はじめる」가 쓰인다.

① 制限時間(せいげんじかん)は一時間(いちじかん)です。すぐ書(か)きはじめてください。
제한 시간은 한 시간 입니다. 곧 쓰기 시작해 주세요.

② 市長(しちょう)が事故(じこ)の経緯(いきさつ)を話(はな)しはじめると、市民(しみん)は「まず、責任(せきにん)の所在(しょざい)を明(あき)らかにしろ」と騒(さわ)ぎだした。
시장이 사고 경위를 이야기하기 시작하자 시민은 '먼저 책임 소재를 분명히 하라'고 소란을 피우기 시작했다.

③ 洪水(こうずい)で川(かわ)の水(みず)が溢(あふ)れ出(だ)したとの情報(じょうほう)を聞(き)いて、周辺(しゅうへん)の住民(じゅうみん)は次々(つぎつぎ)と避難(ひなん)しはじめた。
홍수로 강물이 넘치기 시작했다는 정보를 듣고 주변 주민은 차례로 피난하기 시작했다.

4 ところ : 장소, 부분, 시점, 경우, 범위 등을 의미한다.

❶ バスに乗(の)るところはどこですか。
버스 타는 곳은 어디예요?

❷ 駅(えき)の出口(でぐち)のところで待(ま)ってください。
역 출구 쪽에서 기다려 주세요.

❸ 必要(ひつよう)なところにまるをつけてください。
필요한 부분에 동그라미를 쳐 주세요.

④ それがこの芝居のおもしろいところだ。

그것이 이 연극의 재미있는 부분이다.

⑤ ちょうどいいところに来たね。いっしょにお茶を飲まないか。

마침 좋은 때 왔네. 같이 차 안 마실래?

⑥ 聞くところによると、彼は来年結婚するそうです。

들은 바에 의하면 그는 내년에 결혼한답니다.

5 명사+限り：～만, ～에 한정하여

시간, 횟수, 공간을 의미하는 명사에 붙어서 한정을 나타낸다.
단, 공간의 경우는 「この場、その場、あの場」의 표현만이 쓰인다.

❶ 彼女は今年限りで定年退職することになっている。

그녀는 올해를 끝으로 정년퇴직하기로 되어 있다.

❷ 今の話はこの場限りで忘れてください。

지금 이야기는 이 자리를 끝으로 잊어 주세요.

❸ 勝負は一回限りだ。たとえ負けても文句は言うな。

승부는 단 한번뿐이다. 설령 지더라도 이의를 제기하지 마라.

6 명사+抜き：～을(를) 빼고, 제외하고

❶ この企画は彼の協力抜きには考えられない。

이 기획은 그의 협력을 빼고는 생각할 수 없다.

❷ この後はえらい人抜きで、若手だけで飲みに行きましょう。

이 시간 이후로는 높은 사람 빼고 젊은이들만 마시러 갑시다.

❸ 冗談は抜きにして、内容の討議に入りましょう。

농담은 빼고 내용 토의에 들어갑시다.

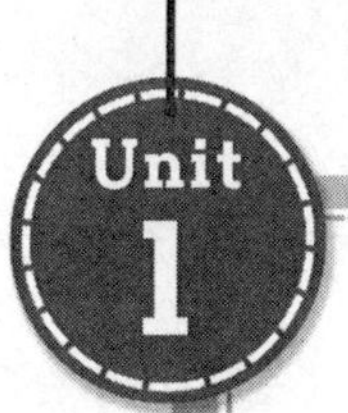

3. ネパールのビール

吉田直哉

4 年も前のことですから、正確には「近頃」ではないのだが、私にとっては昨日の出来事よりずっと鮮烈な話なのである。昭和60年(1985)の夏、私は撮影のためにヒマラヤの麓、ネパールのドラカ(Dolakha)という村に10日あまり滞在していた。海抜1,500メートルの斜面に家々が散在して、張り付くように広がっている村で、電気、ガスといったいわゆる現代のライフ・ラインは一切来ていない。

- 正確 : 정확
- 近頃 : 요즈음
- 出来事 : 일, 사건
- 鮮烈 : 선명하고 강렬함
- 昭和 : 쇼와(1926.12.25～1989.1.7 사이의 연호)
- 撮影 : 촬영
- 麓 : 기슭
- 滞在 : 체재, 체류
- 海抜 : 해발
- 斜面 : 사면
- 散在 : 이곳저곳에 흩어져있음, 산재
- 張り付く(5자) : 달라붙다, 들러붙다
- 広がる(5자) : 넓어지다, 퍼지다, (눈앞에)펼쳐지다, 전개되다
- 電気 : 전기
- いわゆる : 이른바
- 一切 : 일절

4,500の人口があるのに、自転車はもちろん、車輪のある装置で他の集落と往来できる道がないのだ。しかも二本の足で歩くしかない凸凹の山道を至るところで谷川のような急流が寸断している。そこにさしかかったら岩から岩へ、命がけで跳ばなければならないのだ。

手押し車も使えないから、村人たちは体力の限界まで荷を背負ってその一本の道を歩む。だから、茂みが動いているのかと驚いてよく見ると、下で小さな足が動いていたりするのだ。燃料にするトウモロコシの葉の山を、幼い子どもが運んでいくのである。

ことば

- 人口 : 인구
- 車輪 : 車の輪。수레바퀴
- 装置 : 장치
- 集落 : 인가가 모여 있는 곳, 부락
- 往来 : 왕래
- 凸凹 : 울퉁불퉁
- 至るところ : 가는 곳 마다, 도처
- 谷川 : 계곡 사이를 흐르는 강
- 急流 : 급류
- 寸断 : 토막토막 자름, 잘게 끊음
- さしかかる(5자) : 접어들다, 막 당도하다
- 岩 : 바위
- 命がけ : 목숨을 걸고 함
- 跳ぶ(5자) : 뛰다, 뛰어넘다
- 手押し : (機械や牛馬の力を借りずに)手で押すこと。손으로 밂(누름)
- 村人 : 마을 사람
- 体力 : 체력
- 限界 : 한계
- 荷を背負う : 짐을 짊어지다
- 歩む(5자) : 걷다(=歩く)
- 茂み : 초목이 무성한 곳, 수풀, 덤불
- 動く(5자) : 움직이다, 이동하다
- 驚く(5자) : 놀라다, 경악하다
- 燃料 : 연료
- トウモロコシ : 옥수수

2

昔、日本にも村の共有地である入会山[1]で柴を刈る時は、馬車で持って帰ることなど、禁じられていた。自分の体で背負えるだけしか刈ってはいけない。自分が背負える分量だけ刈るのなら、お天道さまに許される、という思想があったのである。

時代は違うが、車を転がせる道がないおかげで、ドラカ村の人々は結果的に環境保護にもかなない、お天道さまにも許される生活をしている**わけだ**。しかし、昔のことは知らず、いま村人たちは自動車の通れる道路を含む一切のライフ・ラインに恵まれていない自分たちの生活が、世界の水準より下だと熟知している。だから、旅行者の目には桃源郷のように見える美しい風景のなかで、かなりつらい思いで暮しているのだ。とりわけ若者たち、子どもたちには村を出て電気や自動車のある町へ行きたいという願望が強い。それも無理ではないのであって、私たち**にしても**車が使えないここでの撮影は

ことば

- 共有地：공유지
- 入会山：一定地域の住民が慣習によって共有する森林、または野原。
  일정 지역의 주민이 관습에 따라 공유하는 산림, 들
- 柴を刈る：나무를 하다
- 馬車：마차
- 禁じる(상1자)：금지하다
- 分量：분량
- お天道さま：하느님, 조물주님
- 転がす(5타)：굴리다
- 環境保護：환경보호
- かなう(5자)：① (조건이나 기준 등에) 꼭 맞다, 들어맞다
  ② 이루어지다, 성취되다, 뜻대로 되다
- 含む(5타)：머금다, 포함하다, 함유하다
- 水準：수준
- 熟知：숙지, 잘 알고 있음
- 桃源郷：도원경
- とりわけ：ことさらに、特別に。특히, 그 중에서도
- 願望：ねがい望むこと。원하고 바람

1) 入会山：一定地域の住民が慣習によって共有する森林、または野原。
일정 지역의 주민이 관습에 따라 공유하는 산림, 들.

毎瞬が重装備の登山なのだ。車で来られる最終地点から村までは、15人もポーターを雇って機材や食料を運んだのだが、余分なものを一切割愛**せざるをえなかった**。

3

真っ先に諦めたのがビールである。何より重い。アルコールとしてなら、ウィスキーの方が効率的だ。それを6本、一人1本半分ずつ持てば、4人で10日間、何とかなるはずだ、という計算で諦めた。しかし、ウィスキーとビールとでは、その役割が違うのである。大汗をかいて一日の撮影が終わったとき、眼の前に清烈な小川が流れているので思わず言った。「ああ、これでビール冷やして飲んだら、うまいだろうなあ」と。スタッフ全員で協議した末に諦めたビールのことを、いまさら言うのはルール違反である。しかし、私が口にしたその禁句を聞きとがめたのは私の同僚ではなく、村の少年チェトリ

ことば

- 毎瞬 : 매 순간
- 重装備 : 중장비
- 機材 : 기재
- 運ぶ(5타) : 나르다, 옮기다, 운반하다
- 余分 : 여분, 나머지
- 割愛 : 할애
- 諦める(하1타) : 단념하다, 체념하다
- 効率的 : 효율적
- 計算 : 계산
- 役割 : 역할
- 大汗をかく : 비지땀을 흘리다
- 清烈 : 水が清く冷たいこと。청렬, 물이 맑고 찬 모양
- 小川 : 작은 시내, 실개천
- 冷やす(5타) : 식히다, 차게 하다(↔あたためる)
- 協議 : 협의
- 末 : ~한 끝에, ~한 뒤에
- いまさら : 今となって。새삼스럽게
- 違反 : 위반
- 禁句 : 남의 감정을 해치지 않기 위해 삼가는 말
- 聞きとがめる(하1타) : 남의 말의 이상한 점에 대하여 따져묻다, 따지다
- 同僚 : 동료

君であった。「今、この人は何と言ったのか」と通訳に聞き、意味が分かると眼を輝かして言った。

「ビールがほしいのなら、ぼくが買ってきてあげる」

「どこへ行って？」

「チャリコット」

チャリコット(Charikot)は、私たちが車を捨ててポーターを雇った峠の起点である。トラックの来る最終地点なので、むろんビールはある。峠の茶屋の棚に何本かびんが並んでいるのを来るときに眼の隅で見た。でも、チャリコットまでは大人の脚でも1時間半はかかるのである。

「遠いじゃないか」

「大丈夫。真っ暗にならないうちに帰ってくる」

ものすごい勢いで請け合うので、サブザックとお金を渡して頼んだ。じゃ、大変だけどできたら4本買ってきてくれ、と。張り切って飛び出して行ったチェトリ君は、8時頃、5本のビールを背負って帰ってきた。私たちに拍手に迎えられた。

- 通訳：통역
- 輝かす(5타)：빛내다
- 峠：고개
- 起点：기점
- 最終地点：최종지점
- 茶屋：찻집
- 棚：선반
- 隅：구석, 귀퉁이
- 脚：다리
- 真っ暗：아주 캄캄함
- 請け合う(5타)：책임지고 맡다, 약속하다
- サブザック：소형 륙색
- 頼む(5타)：부탁하다, 주문하다, 당부하다
- 張り切る(5자)：힘이 넘치다, 의욕이 충만되다
- 拍手：박수
- 迎える(하1타)：맞다, 맞이하다, 모시다

4

次の日の昼過ぎ、撮影現場の見物にやってきたチェトリ君は「今日はビールは要らないのか」と聞く。前夜のあの冷えたビールの味がよみがえる。

「要ら**ないことはないけど**、大変じゃないか」

「大丈夫。今日は土曜でもう学校はないし、明日は休みだし、イスタルをたくさん買ってきてあげる」

'Star'というラベルのネパールのビールを現地の人々は「イスタル」と発音する。嬉しくなって、昨日より大きなザックと1ダース分以上のビールが買えるお金を渡した。チェトリ君は、昨日以上に張り切って飛び出して行った。

ところが夜になっても帰って来ないのである。夜中近くになっても音沙汰はない。事故ではないだろうか、と村人に相談すると、「そんな大金をあげたのなら、逃げたのだ」と口をそろえて言うのである。それだけのお金があったら、親のところへ帰ってから首都のカトマンズへだって行ける。きっとそうしたのだ、と。15歳になるチェトリ君は一つ山を越え

ことば

- 現場 : 현장
- 見物 : 구경
- 要る(5자) : 필요하다, 소용되다
- 前夜 : 전날 밤
- よみがえる(5자) : 소생하다, 되살아나다
- 現地 : 현지
- 発音 : 발음
- 嬉しい : 기쁘다
- 夜中 : 한밤중
- 音沙汰 : 소식, 편지, 기별, 연락
- 事故 : 사고
- 大金 : 거금, 큰 돈
- 逃げる(하1자) : 도망치다, 달아나다
- 口をそろえる : 여러 사람이 입을 모아 같은 말을 하다
- 首都 : 수도
- 越える(하1자) : 넘다, 넘어가다

たところにある、もっと小さな村からこの村へ来て、下宿して学校に通っている。土間の上にムシロ敷きのベットを置いただけの彼の下宿を撮影し、話を聞いたので、事情はよく知っているのだ。

その土間で朝晩チェトリは、ダミアとジラという香辛料をトウガラシと混ぜて石の間にはさんで擦り、野菜といっしょに煮て一種のカレーにしたものを、飯にかけて食べながらよく勉強している。

5

そのチェトリが帰ってこないのである。あくる日も帰ってこない。その翌日の月曜日になっても来ない。学校へ行って先生に事情を説明し、謝り、対策を相談したら、先生までが「心配することはない。事故なんかじゃない。それだけの金を持ったのだから、逃げたのだろう」と言うのである。歯ぎしりするほど後悔した。つい**うっかり**日本の鑑賞

ことば

- 下宿：하숙
- ムシロ敷き：멍석이 깔린
- 朝晩：아침저녁
- 香辛料：향신료
- トウガラシ：고추
- 混ぜる(하1타)：섞다, 혼합하다, 뒤섞다
- はさむ(5타)：끼우다, (사이에 넣어)집다
- 擦る(5타)：문지르다, 비비다
- 煮る(상1타)：삶다, 끓이다, 조리다
- 一種：일종
- 明くる日：다음날 = 翌日
- 謝る(5자타)：사과하다, 사죄하다
- 対策：대책
- 相談：상담
- 歯ぎしり：怒り、くやしがって、歯を強くかみ、すりあわせて音を立てること。이를 갊
- 後悔：후회
- うっかり：깜빡, 멍청히
- 鑑賞：감상

で、ネパールの子どもにとっては信じられない大金を渡してしまった。でも、やはり事故ではなかろうかと思う。しかし、そうだったら最悪なのである。

いても立ってもいられない気持ちで過ごした三日目の深夜、宿舎の戸が激しくノックされた。すわ、最悪の凶報か、と戸を開けるとそこにはチェトリが立っていたのである。泥まみれでヨレヨレの格好であった。チャリコットにビールが3本しかなかったので、山を四つも越した別の峠まで行ったという。

合計10本買ったのだけど、転んで3本割ってしまった、とべそをかきながらその破片を全部出して見せ、そして釣銭を出した。

彼の肩を抱いて、私は泣いた。近頃、あんなに泣いたことはない。そしてあんなに深く、いろいろ反省したこともない。

ことば

- 最悪：최악
- いても立ってもいられない：안절부절 못하다, 어찌할 바를 모르다
- 過ごす(5타)：(시간을)보내다, 지내다
- 深夜：심야
- 宿舎：숙사
- 凶報：불길한 소식
- 泥まみれ：진흙투성이
- ヨレヨレ：(옷 등이 낡아서 모양이 망가지고 구겨진 모양)구깃구깃
- 格好：꼴, 모습
- 合計：합계
- 転ぶ(5자)：구르다, 넘어지다
- 割る(5타)：쪼개다, 빠개다
- べそをかく：울상을 짓다
- 破片：파편
- 釣銭：잔돈
- 肩：어깨
- 抱く(5타)：안다, 껴안다
- 反省：반성

문형 이해

1 **わけだ** : 결론, 단정, 이유, 납득 등의 의미로, 보통 '~이다, 인거다'로 해석된다.

1) 결론(단정)

❶ イギリスとは時差が8時間あるから、韓国が11時ならイギリスは3時なわけだ。
영국과는 시차가 8시간 있으니까 한국이 11시라면 영국은 3시인거지.

❷ 彼女はフランスの有名なレストランで5年間料理の修行をしたそうだ。つまりプロの料理人であるわけだ。
그녀는 프랑스의 유명한 레스토랑에서 5년간 요리 실력을 갈고 닦았대. 즉 프로 요리사인 셈이다.

❸ A : 森さんは 8 年もアメリカに留学していたそうですよ。
모리씨는 8년이나 미국에 유학했대요.
B : へえ、そうなんですか。それなら英語は得意なわけですね。
어머, 그래요? 그럼 영어는 아주 잘 하겠군요.

2) 이유

❶ 彼女は猫を 3 匹と犬を 1 匹飼っている。一人暮らしでさびしいわけだ。
그녀는 고양이 세 마리와 개 한 마리를 키우고 있다. 독신생활이라 외로운 까닭이다.

❷ 今年は米の出来がよくなかった。冷夏だったわけだ。
올해는 쌀 작황이 좋지 않았다. 냉하였던 것이다.

❸ 姉は休みの度に海外旅行に出かける。日常の空間から脱出したいわけだ。
언니는 휴가 때마다 해외여행을 다닌다. 일상의 공간에서 탈출하고 싶은 까닭이다.

3) 납득

❶ A：山本さん、結婚したらしいですよ。

야마모토씨, 결혼했대요.

B：ああ、そうだったんですか。それで最近いつもきげんがいいわけだな。

아, 그랬군요. 그래서 최근에 항상 기분이 좋은 거군요.

❷ あ、鍵が違うじゃないか。なんだ。これじゃ、いくらがんばっても開かないわけだ。

아, 열쇠가 틀리잖아. 뭐야, 이래서 아무리 애써도 열리지 않은 거군.

2 ~にしても：~라고 해도

'~인 것은 인정하지만, (예상, 표준)이상으로 ~' '~라고는 해도 역시(아직)~'의 감정을 가지고 부족이나 불만, 혹은 감탄 등의 뜻을 나타낸다.

❶ 夏にしても、暑すぎる。

여름이라고는 해도 너무 덥다.

❷ 忙しいにしても連絡ぐらいは入れられただろうに。

바쁘다고는 해도 연락 정도는 해줄 수 있었을 텐데...

❸ 私を嫌っているにしても、あんな言い方はひどいよ。

나를 싫어한다고 해도 그런 말투는 심해요.

3 동사 ない형+ざるをえない：~하지 않을 수 없다, 할 수 밖에 없다.

(＝~しかない、~よりほかない、~ないわけにはいかない)

피치 못할 사정이나 상황을 전제로 어쩔 수 없이 선택하게 되는 의미를 강조한다.

❶君がしないなら、ぼくがやらざるを得ないだろう。

자네가 하지 않는다면 내가 할 수 밖에 없겠지.

❷風邪気味で休みたいのだが、明日、テストなので勉強せざるを得ない。

감기 기운으로 쉬고 싶지만 내일 시험이어서 공부하지 않을 수 없다.

❸ いろいろな医学データから見て、タバコは癌の原因になると言わざるを得ない。

여러 가지 의학 데이터로 보아 담배는 암의 원인이 된다고 말할 수밖에 없다.

「する」동사는 「せざるをえない」형태가 된다.

4 동사ない형＋ことはない：～하는 일은 없다, ～이지 않은 건 아니다.

1) ～하는 일은 없다

(상대의 발언을 받아 '그럴 일은 전혀 없다'라는 전면적인 부정의 의미)

❶ A：とても明日までには終わりそうにもないんですけど…。

아무래도 내일까지는 끝날 것 같지 않은데요…….

B：いや、やる気があればできないことはありませんよ。

아니야, 할 의지가 있다면 불가능할 것도 없어요.

❷ A：彼女は来ないじゃないか。

그녀는 안 오는 거 아니야?

B：来ないことはないと思うよ。遅れても必ず来ると言っていたから。

안 오는 일은 없을 거야. 늦어도 꼭 온다고 말했으니까.

2) ～이지 않은 건 아니다

('어느 면에서는 그렇지만 백퍼센트 다 그런 건 아니다'라는 소극적인 단정의 의미)

❶ A：1週間でできますか。

한 시간이면 가능해요?

B：できないことはないですが、かなりがんばらないとだめですね。

불가능한 건 아니지만 꽤 애쓰지 않으면 안 되겠는데요.

❷ A : あんたは行きたくないの？

너는 가고 싶지 않니?

B : 行きたくないことはないけど、お金が少し足りないんだ。

가고 싶지 않은 건 아니지만 돈이 조금 부족해.

5 うっかり : 깜빡, 무심코, 멍청히

해야만 하는 일을 잊어버리거나 긴장을 놓는 등, 어떤 일에 마음이 떠나 있는 상태를 나타내는 의태어.

❶ 友だちとの約束をうっかり忘れてしまった。

친구와의 약속을 깜빡하고 잊어버렸다.

❷ 彼があまりにも優しかったので、うっかり本音をしゃべってしまった。

그가 너무나도 친절했기에 무심코 속마음을 말해버렸다.

❸ うっかりして停車駅を乗り過ごした。

넋 놓고 있다가 정차 역을 지나쳤다.

문형으로 익히는
일본어 원서 독해

문형으로 익히는

일본어 원서 독해

4. 鈴の鳴る道

星野富弘

車椅子に乗るようになってから12年が過ぎた。その間、道のでこぼこがいいと思ったことは一度もない。本当は曲がりくねった草の生えた土の道のほうが好きなのだけれど、脳みそまでひっくり返るような振動には、お手上げである。第一、体の弱い私の電動車椅子では止ってしまう。

車椅子に乗ってみて、初めて気がついたのだが、舗装道路でも、至るところに段があり、平だと思っていた所でも、横切るのがおっかないくらい傾いていることがある。

ところが、この間から、そういった道のでこぼこを通る時に、一つの楽しみが出てき

ことば

- 車椅子：휠체어
- 曲がりくねる(5자)：구불구불 구부러지다
- 脳みそ：뇌수, 골, 머리
- ひっくり返る(5자)：뒤집히다, 뒤바뀌다
- 振動：진동
- お手上げ：全くどうにもしようがなくなること。항복, 속수무책
- 舗装道路：포장도로
- 至る所：가는 곳마다, 도처에
- 平：평평함
- 横切る(5자)：가로지르다, 횡단하다
- おっかない：恐ろしい、怖い。두렵다, 무섭다, 불안하다, 위험하다
- 傾く(5자)：비스듬해지다, 쏠리다, 치우치다, 기울다

た。ある人から、小さな鈴をもらい、わたしはそれを車椅子にぶら下げた。手で振って音を出すことができないから、**せめて**いつも見える所にぶら下げて、銀色の美しい鈴が揺れるのを見ている**だけでも**よいと思ったからである。

道路を走っていたら、例の**ごとく**、小さなでこぼこがあり、わたしは電動車椅子のレバーを慎重に動かしながら、そこを通り抜けようとした。その時、車椅子に付けた鈴が「チリーン」と鳴ったのである。心にしみるような澄んだ音色だった。

「いい音だなあ」

私はもう一度その音色が聞きたくて、引き返してでこぼこの上に乗ってみた。

「チリーン」「チリーン」小さいけれど、本当によい音だった。

その日から、道のでこぼこを通るのが楽しみとなったのである。

長い間、私は道のでこぼこや小石をなるべく避けて通ってきた。そして**いつの間にか**、道にそういったものがあると思っただけで、暗い気持ちを持つようになっていた。しかし、小さな鈴が「チリーン」と鳴る、たったそれだけのことが、私の気持ちをとても和やかにしてくれるようになったのである。

ことば

- 鈴 : 방울
- ぶら下げる(하1타) : 늘어뜨리다, 매달다
- 振る(5타) : 흔들다, 휘두르다
- 銀色 : 은색
- 揺れる(하1자) : 흔들리다, 요동하다
- レバー : 레버, 손잡이
- 慎重 : 신중
- 通り抜ける(하1자) : 이쪽에서 저쪽으로 빠져나가다
- 心にしみる : 절실하게 느끼다, 사무치다
- 澄む(5자) : 맑다, 맑아지다
- 引き返す(5자) : 되돌아가다, 돌아오다
- 小石 : 작은 돌
- 避ける(하1타) : 피하다
- いつの間にか : 어느 사이엔가, 어느덧

鈴の音を聞きながら、私は思った。

「人も皆、この鈴のようなものを、心の中に授かっているのではないだろうか」

その鈴は、整えられた平な道を歩いていたのでは鳴ることがなく、人生のでこぼこ道にさしかかったとき、揺れて鳴る鈴である。美しく鳴らし続ける人もいるだろうし、閉ざした心の奥に、押さえ込んでしまっている人もいるだろう。

私の心の中にも、小さな鈴があると思う。その鈴が、澄んだ音色で歌い、きらきらと輝くような毎日が送れ**たらと思う**。

私の行く先にある道のでこぼこを、なるべく迂回**せずに**進もうと思う。

ことば

- 授かる(5자타)：たまわる。(신불이나 윗사람이)내려주시다, 부여 받다
- 整える(하1타)：가지런하게 하다, 가다듬다, 정돈하다
- さしかかる(5자)：접어들다, 막 당도하다, 다다르다
- 閉ざす(5타)：(문 등을)닫다, 잠그다
- 心の奥：마음 깊숙한 곳
- 押さえ込む(5타)：꼼짝 못하게 하다, 가두어 두다
- 輝く(5자)：빛나다, 반짝이다
- 迂回：우회, 돌아감

문형 이해

1 せめて～だけでも : 하다못해～라도, 최소한 ～라도.(＝せめて～なりとも)

❶ 忙しいのは分かっているけど、せめて一週間一回ぐらいは母に電話してほしい。

바쁜 건 알고 있지만 하다못해 일주일에 한번 정도는 엄마에게 전화해주었으면 해.

❷ せめて一晩だけでも泊めてもらえませんか。

하다못해 하룻밤만이라도 재워줄 수 없어요?

❸ せめて一目なりとも彼に会いたい。

하다못해 단 한번만이라도 그를 만나고 싶다.

2 ～ごとく : ～처럼,～와 같이

명사, 형용사, 부사, 동사의 보통형에 「の(が)ごとく」의 형태로 접속한다. 기본형은「の(が)ごとし」의 형태이며 명사를 수식할 때는「の(が)ごとき＋명사」,기타 수식은 「の(が)ごとく＋동사/ 형용사」의 형태가 된다.

❶ 速きこと、風のごとし。≒風のごとき速さ。≒風のごとく速い。

빠르기는 바람과 같다.

❷ その娘はチョウのごとく軽やかに、花のごとく華やかに舞った。

그 아가씨는 나비처럼 사뿐히, 꽃처럼 화사하게 춤췄다.

❸ 彼は眠るがごとく安らかに最期の時を迎えた。

그는 잠든 듯이 편안하게 삶의 마지막 순간을 맞이하였다.

3 いつの間(ま)にか : 어느 사이엔가, 어느덧.(＝知(し)らないうちに)

❶ 雨(あめ)はいつの間(ま)にか止(や)んでいた。

비는 어느덧 그쳐있었다.

❷ いつの間(ま)にかこんな年(とし)になったんだね。青春(せいしゅん)はあっという間(ま)に過(す)ぎ去(さ)ってしまった。

어느덧 이 나이가 되었네. 청춘은 눈 깜짝할 사이에 지나가 버렸다.

❸ 朝晩(あさばん)涼(すず)しい風(かぜ)が吹(ふ)いて、いつの間(ま)にか秋(あき)になりました。

아침저녁으로 선선한 바람이 불더니 어느덧 가을이 되었습니다.

❹ あの人(ひと)はあいさつもしないで、いつの間(ま)にか帰(かえ)ってしまったよ。

그 사람은 인사도 없이 어느 사이엔가 돌아가 버렸어.

4 ～たら(いい)と思(おも)う : ～라면(좋을 텐데) 라고 생각하다, ～하면 좋으리라 여기다.

❶ 若(わか)いうちにいろいろ苦労(くろう)したらいいと思(おも)う。あとできっと役(やく)に立(た)つはずだから。

젊은 동안 여러 가지 고생해보면 좋을 거라 생각해. 나중에 분명히 도움이 될 테니까.

❷ 来年(らいねん)、日本(にほん)に留学(りゅうがく)に行(い)けたらと思(おも)います。

내년에 일본으로 유학하러 갈 수 있으면 좋겠다고 생각합니다.

❸ ダイエットなんかしないで食(た)べたいだけ食(た)べられたらと思(おも)うよ。

다이어트 같은 거 하지 않고 먹고 싶은 만큼 먹을 수 있었으면 해요.

5 ～せず(に) : ～하지 않고(＝～しないで)

부정을 나타내는 「ず、ぬ」의 경우, 「する」동사는 「せず、せぬ」, 「くる」동사는 「こず、こぬ」의 형태가 되며 그 밖의 동사는 ない형에 접속한다.

❶ 食事をせず(に)会社に行った。

식사를 하지 않고 회사에 갔다.

❷ 勉強もせず(に)いい成績がもらえる方法はありません。

공부도 하지 않고 좋은 성적을 받을 수 있는 방법은 없습니다.

❶ 二人の間には、知らず知らずのうちに愛が芽生えていった。

두 사람 사이에는 모르는 사이에 사랑이 싹터갔다.

❷ 知らぬが仏。

모르는 게 부처님(모르는 게 약).

❸ 夫婦喧嘩は犬も食わぬ。

부부 싸움은 개도 먹지 않는다(부부싸움은 칼로 물 베기).

5. 五体不満足

乙武洋匡

1年に2回ある遠足。ぼくはいつも楽しみにしていた。もちろん、友だちと遠くへ出かけるということも楽しみの一つだったが、さらにぼくを**わくわく**させたのは電車だった。

普段、家族で出かける際には自動車を使う場合が多く、電車に乗る機会はめったにない。そこで先生や友だちといっしょに出かけることができ、さらに電車に乗ることができる遠足は、ぼくにとってこの上ない楽しみだったのだ。

低学年までの遠足は学校から比較的近い公園や動物園など、車椅子でも特に差し支えのないコースだった。しかし、高学年になる**につれ**、次第に内容がハードになってくる。そして、今回の4年生の遠足で、その厳しさは頂点を迎えた。

「今度の遠足は、山登りだ」と聞いたのは、4年生になってすぐのことだった。それも

ことば

- わくわく：期待、喜びなどで心が落ちつかないさま。두근두근
- 普段：平生、平常。평소
- めったに：ほとんど。좀처럼
- さらに：その上に。더욱이
- この上ない：더할 나위없는
- 比較的：비교적
- 差し支えない：지장이 없다, 괜찮다
- 次第に：だんだん。점차로
- 頂点：정점

大人が登るのにも険しい山ということだ。ぼくの頭に、「車椅子では**なおさら**…」という言葉が続く。何でもやりたがるぼくでも、**さすがに**今回は無理だと思った。母の口から、今回の遠足は欠席する旨を先生に伝えてもらう。しかし、先生はそれを認めなかった。

「つれていってしまえば、何とかなるでしょう。**まさか**、その場に置いてくるわけにもいきませんし」

しかし、その先生も遠足の実地踏査に行って、事の重大さを**いやというほど**知らされた。それだけ険しい山なのだ。遠足など遠出をするときには、重たくて動きのとりにくい電動車椅子ではなく、軽くて折り畳み可能な手押し車椅子で行くのだが、その軽い車椅子でも無理ではないかという声もあがった。道中、「この辺は、車椅子を押して行くのは無理。これぐらいなら、何とか押して行けるかもしれない」などと、先生方で話し合いながら進んで行ったそうだ。

本来、実地踏査というのは、トイレの位地を確認したり、休憩する場所を考えたり、全員が整列するスペースがあるかを確認するために行われるものだ。それが、いつ

ことば

- 険しい：험하다, 가파르다
- なおさら：前にまして、ますます、いっそう。더욱더, 더한층
- さすがに：やはり、そうは思うものの、そうではあるが。과연, 역시
- 認める(하1타)：인정하다, 확실하다고 판단하다
- 実地踏査：현지답사
- 重大さ：중대함
- いやというほど：뼈저리게
- 電動：전동
- 折り畳み：접어 갬, 개킴
- 手押し：손으로 밂(누름)
- 位置：위치
- 確認：확인
- 休憩：휴게, 휴식
- 整列：정렬

の間にか他のクラスの先生も加わって、「乙武をどのようにして連れていったらいいか」という実地踏査に変わってしまった。4組の体の大きい男の先生も「**いざとなったら**、私が背負って歩きますから、心配せずに乙武を連れていってください」と言ってくれていた。とにかく、学生全体で、ぼくを頂上まで連れていく覚悟だったようだ。

翌週、学級会が開かれた。議題は、「オトちゃんをどうするか」ヘンテコな学級会だ。

先　生：「今度の遠足は、神奈川県にある弘法山というところに行きます。みんな、山登りになるけど、大丈夫かな？」

子ども：「大丈夫で～す」

先　生：「この前、先生も他のクラスの先生といっしょに行ってきたけど、本当に大変でした。それでも、みんなは大丈夫かな？」

子ども：「大丈夫で～す」

先　生：「でも、乙武君は車椅子だよね。この前、お母さんから『今回の遠足はお休みさせます』って言われたんだけど、みんなはどう思う？」

子ども：「ズルイよ！」予期せぬ言葉が返ってきた。高木先生も、この言葉には驚きを隠せずにいた。

ことば

- 加わる(5자)：늘다, 많아지다, 추가되다
- いざとなったら：여차하면, 만일의 경우
- 背負う(5타)：짊어지다, 등에 업다, 지다
- 翌週：その次の週。다음주
- 学級会：학급회의
- 議題：의제
- ヘンテコな：変な、奇妙な。이상한, 기묘한
- 予期：예상, 예측
- 返る(5자)：돌아가다(오다)
- 隠す(5타)：감추다, 숨기다

子ども：「そんなに登(のぼ)りが大変(たいへん)な山なのに、オトちゃんだけ休(やす)むなんてズルイよ」

他(ほか)の子(こ)からも、「そうだ、そうだ」という声(こえ)があがる。ぼくが行くことになって、余計(よけい)に苦労(くろう)するのは子どもたちだ。ただ登(のぼ)るだけでもきついというのに、車椅子(くるまいす)を連(つ)れて頂上(ちょうじょう)まで目指(めざ)さなければならないのだ。しかし、その子どもたちから発(はっ)せられた言葉(ことば)は、「オトちゃんだけ休むなんてズルイ」。彼(かれ)らにとっては、クラスの一員(いちいん)であるぼくが、行事(ぎょうじ)を休むことが不可解(ふかかい)だったようだ。こうしてぼくも弘法山(こうぼうやま)に挑(いど)むこととなった。

ことば

- 余計(よけい)に：いっそう。더욱, 더한층
- 苦労(くろう)する：고생하다, 수고하다
- 目指(めざ)す(5타)：목표로 하다, 노리다, 겨누다, 지향하다
- 行事(ぎょうじ)：행사
- 不可解(ふかかい)：이해할 수 없음
- 挑(いど)む(5자타)：싸움, 경쟁 등을 걸다, 도전하다

문형 이해

1 わくわく：(기대, 기쁨 등으로 마음이 설렘) 두근두근, 울렁울렁.

❶ 彼は夢の中を歩いているような気持ちで、何だか妙にわくわくして足がちっとも土につかなかった。

그는 꿈속을 걷고 있는 듯 한 기분이 되어 왠지 이상하게 마음이 설레어 발이 조금도 땅에 닿지 않았다.

❷ あんまりのうれしさに、胸がわくわくしてくる。

너무나도 기쁜 나머지 가슴이 두근두근해져온다.

❸ みんなはわくわくしながら彼の登場を待っていた。

모두는 (기대로)마음 두근거리며 그의 등장을 기다리고 있었다.

2 ～につれ(て)：～함에 따라(변화)

❶ 歌は世につれ、世は歌につれ。

노래는 세상 따라, 세상은 노래 따라.

❷ 経験を積むにつれて、人は慎重になる。

경험을 쌓음에 따라 사람은 신중해진다.

❸ 国際化が進むにつれ、外国語の実力が高く評価されることになる。

국제화가 진행됨에 따라 외국어 실력이 높이 평가받게 된다.

3 さすがに：과연, 역시(＝やはり、そうは思うものの、他とは違って)

❶ いつもは落ち着いている山田さんだが、はじめてテレビに出た時はさすがに緊張したそうだ。

평소에는 침착한 야마다씨이지만 처음 텔레비전에 나왔을 때는 역시 긴장했다고 한다.

❷ さすがにあの店のお菓子はおいしい。

역시 그 가게 과자는 맛있어.

❸ 沖縄でもさすがに冬は寒いね。

오키나와라도 과연 겨울은 춥네.

4 いやというほど : 실컷, 지겹도록, 물리도록.(＝ひどく)

❶ ステーキはアメリカでいやというほど食べたので、全然食べたくありません。

스테이크는 미국에서 실컷 먹었기에 전혀 먹고싶지 않아요.

❷ 苦労の味はいやというほど知っているから、もうあんな仕事は二度としたくない。

고생이 어떤지는 질릴 만큼 알고 있기에 이제 그런 일은 두 번 다시 하고 싶지 않다.

❸ 母の小言はいやと言うほど聞かされたよ。ほら、耳にタコができたでしょう。

엄마 잔소리는 물리도록 들었어. 이봐, 귀에 못이 박혔잖아?

5 いざとなったら : 여차하면, 만일의 경우(＝いざとなると、万が一)

❶ 心配しないでください。いざとなったら安全な場所へ移ればいいですから。

걱정하지마세요. 여차하면 안전한 곳으로 옮기면 되니까요.

❷ いざとなると、彼は逃げ出すかもしれない。

여차하면 그는 달아날지도 모른다.

❸ いざとなったら、真実を打ち明けるしかない。

만일의 경우, 진실을 털어놓는 수밖에 없다.

6. 違う意見がよい

森毅

他人の意見が自分と合うとうれしくなったりする。しかしそれは、自分の意見が確かめられたと安心するぐらいで、その意見が深められることもないから、本当はつまらないことだ。

それよりは、他人の違う意見がよい。**仮に**その意見が間違っていても、そうした意見を持つ根拠があるわけで、その根拠は考える**に値する**。そのために、自分の意見を返るまでしなくとも、今まで気づかなかった、自分の意見の弱いところが見えてきたりして、自分の意見が深くなる。相手のほうが説得性のある意見なら、こだわらずにその意見に同調してもよい。その場合も、最初からその意見であるより、それ以前は別のこ

ことば

- 他人：타인
- 深める(하1타)：깊게 하다
- 仮に：もしも 가령, 만일, 만약
- 根拠：근거
- 値する：값하다, 가치가 있다, ~할만하다
- 同調：동조
- 深み：깊이

とを考えていた**だけに**、考えに深みができる。

だから、なるべくなら自分と違う意見に耳を傾けたほうが、自分の考えを深めるのに役立つ。同じ意見なら、聞いてもしかたがない。

同じ意見だと安心し合ってかたまっては、つまらない。まして、違う意見の人をバカにするのはもったいない。仮に、その相手が「だめな相手」に見えても、自分と違う意見を持っているだけでも、自分の役に立つ。

それに「えらい人」に学ぶなんて、ありふれたことしか学べない。みんなが学ぶことなら、学んだところで、たいしたものは得られない。それより、「だめなやつ」から学ぶことのできるほうが、ずっとたいしたことなのだ。

実はぼくは、何事であれ、意見の正しさをそれほど信じていない。それでも自分としては、意見を持たないわけにはいかない。そして、**どうせ**正しさをあまり信じていないので、それに安心していようとも思わない。ただ、それと違う意見と交わったほうが、その自分の意見に深みができると思うのだ。どうせ持ってしまう自分の意見なのだから、できることなら深みを持った意見でありたい。

「心を一つにして」なんて、ちっともいいことと思わない。「意志統一」なんてのは、

ことば

- まして：하물며, 더구나
- バカにする：무시하다, 업신여기다, 깔보다
- もったいない：황송하다, 과분하다, 고맙다, 아깝다
- 学ぶ(5타)：가르침을 받다, 배워 익히다
- ありふれる(하1자)：흔하게 있다, 흔해 빠지다
- たいしたもの：대단한 것, 엄청난 것
- 正しさ：올바름
- 交わる(5자)：사귀다, 교제하다, 교차하다, 뒤섞이다
- どうせ：어차피
- 意志統一：의사통일

よっぽどせっぱつまった時でない限り、する必要はない。意見がばらばらというのはとてもいいことだ。ばらばらのままで交わらなくては、役に立たない。それは、違った意見を自分の役に立てる訓練でもあるし、違った意見とのつきあい方の訓練でもある。

ことば

- よっぽど : 어지간히, 상당히, 대단히
- せっぱつまる(5자) : 막다르다, 궁지에 몰리다, 다급해지다
- ばらばら : 따로따로 흩어지는 모양, 분해되는 모양 뿔뿔이, 제각각
- 訓練 : 훈련

문형 이해

1 仮に～ても : 가령, 만일～라도 (＝もし～ても、もしあったとしても)

❶ 仮に予定の日までに私が帰ってこないことがあっても、心配しないで待っていて下さい。

만일 예정한 날까지 내가 돌아오지 않는 일이 있어도 걱정하지 말고 기다리고 있어주세요.

❷ 仮に参加希望者が定員に満たない場合でも旅行は決行します。

가령 참가희망자가 정원에 못 미치는 경우가 있어도 여행은 강행합니다.

❸ 仮にその話がうそだとしても、おもしろいじゃないか。

만일 그 이야기가 거짓말이라고 해도 재미있잖아?

2 ～に値する : ～～할 만하다, ～할 가치가 있다

❶ 彼女の勇敢な行動は賞賛に値する。

그녀의 용감한 행동은 칭찬할 만하다.

❷ あの本は一読に値する。

그 책은 한번 읽어볼만하다.

❸ この品物は千円にも値しないくだらないものだ。

이 상품은 천원의 값어치에도 못 미칠 만큼 허접한 것이다.

3 ～だけ(に) : ～인 만큼, ～인 탓에.

❶ 彼女は若かっただけに、その早すぎた死が惜しまれる。

그녀는 젊었던 만큼 너무 이른 죽음이 사람들을 안타깝게 하였다.

❷ 苦労しただけ、今回の優勝は嬉しいです。

고생한 만큼 이번 우승은 기쁩니다.

❸ 若くて体力があるだけに、かえって無理をして体をこわしてしまった。

젊고 체력이 있었던 탓에 오히려 무리해서 몸을 망가뜨리고 말았다.

4 どうせ：어차피, 이왕에, 결국(＝いずれにしても、つまりは、しょせん)

❶ 三日坊主の彼のことだから、どうせ長続きはしないだろう。

작심삼일인 그이니까 어차피 오래 가지는 못할 거야.

❷ 急いでもどうせ間に合わないのだったら、ゆっくり行こう。

서둘러도 어차피 제시간에 맞출 수 없으니까 천천히 가자.

❸ どうせ行かないのなら、早めに知らせておいたほうがいいよ。

어차피 안갈 거라면 빨리 알려주는 편이 좋아.

5 よほど(よっぽど)：어지간히, 무척, 상당히(＝かなり、ずいぶん、相当)

❶ よっぽど疲れていたんだろう。弟は帰ってくるとご飯も食べずに寝てしまった。

어지간히 피곤했던가보다. 남동생은 돌아오자 밥도 먹지 않고 잠들어버렸다.

❷ よっぽどのことがなければ、彼はここには来ません。

웬만한 일이 아니면 그는 여기에 오지 않아요.

❸ その映画、続けて3回見たって。よっぽどよかったんだね。

그 영화 연거푸 세 번 봤대. 상당히 좋았나봐.

MEMO

문형으로 익히는
일본어 원서 독해

문형으로 익히는
일본어 원서 독해

7. 短い手紙

母へ

1. お母さん、

雪の降る夜に私を生んで下さってありがとう。

もうすぐ雪ですね。 (大阪府, 男・51)

2. 「私、母似でブス。」娘が笑って言うの。

私、同じこと、泣いて言った**のに**。

ごめんね、お母さん。 (群馬県, 女・38)

ことば

- 雪 : 눈
- 生む(5타) : 낳다, 만들어내다
- もうすぐ : 이제 곧
- 母似 : 엄마를 닮음
- ブス : 추녀
- 娘 : 딸
- 同じ : 같음, 동일함
- 泣く(5자) : 울다

3. お母さん、反対してくれて有難う。

おかげで辛抱できました。

結婚生活、17年。洋子。 (宮城県, 女・39)

4. 孫があなたの写真を指して

「梨」「ぶどう」と叫んでいます。

宅配便　待ってます。 (香川県, 女・32)

5. 洪水の夜、

僕を救って星になったお母さん。

まま母だったとずっと後に知りました。 (栃木県, 男, 56)

6. お見合いの翌日、

彼の家を二周してきたお母さん、

お母さんね。 (福井県, 女・25)

ことば

- 反対 : 반대
- 辛抱 : 참음, 인내
- 孫 : 손자
- 写真 : 사진
- 指す(5타) : 가리키다, 지적하다, 지명하다
- 梨 : 배
- ぶどう : 포도
- 叫ぶ(5자타) : 외치다, 소리지르다, 부르짖다
- 宅配便 : 택배
- 洪水 : 홍수
- 救う(5타) : 구조하다, 돕다, 건지다
- 星 : 별
- まま母 : 새어머니, 계모
- お見合い : 맞선
- 翌日 : 이튿날
- 二周 : 두번 돌기

7. 「電話代がかかる」といって

一分で切るのは、やめてください。

払うのは私です。 (沖縄県, 男・25)

8. ぼくが元気なときと、

病気の時のお母さん。

まるでお母さんが二人いる**みたい**ね。 (奈良県, 男・10)

9. 高速道路ができました。

でも、母さんのいないふるさとは

なんだか遠くなりました。 (宮城県, 男・52)

10. 朝起きて

だれもいない台所にポツンとおいてある、まだ温かいお弁当。

もう少し早く起きたら、ありがとうと言えたのに。 (東京都, 男・17)

ことば

- 電話代：전화비
- 切る(5단)：끊다, 자르다
- 払う(5단)：(돈을)지불하다, 내다
- 病気：병
- まるで：마치
- みたい：~와 같다
- 高速道路：고속도로
- ふるさと：고향
- なんだか：왠지
- 台所：부엌
- ポツンと：동그마니
- 温かい：따뜻하다
- お弁当：도시락

父へ

11. 合格発表の日、

掲示板に僕の名前を見つけて僕を殴った父さん。

うれしかった。 (東京都, 男・17)

12. おとうさん、

肩もんでくれるのはいいけど

私、凝ってないんだ。 (兵庫県, 女・25)

13. 父がコップに残したビールは

父の残りの人生のようで

さびしくなりました。 (東京都, 男・20)

14. お父さん、

こわいけど弱い人。

気がついてしまってごめんなさい。 (愛知県, 男・17)

ことば

- 合格発表 : 합격발표
- 掲示板 : 게시판
- 番号 : 번호
- 見つける(하1타) : 발견하다, 찾다
- 殴る(5타) : 때리다, 치다
- 肩をもむ : 어깨를 주무르다
- 凝る(5자) : 근육이 뻐근하다, 엉기다
- 残す(5타) : 남기다, 남겨두다
- 残り : 남은 것, 나머지
- 人生 : 인생
- こわい : 무섭다
- 弱い : 약하다
- 気がつく : 눈치 채다, 생각이 미치다

15. おとうさん、

そちらからかけてきて

「なんの用(よう)じゃ」と聞(き)くのは

やめてください。　(福井県(ふくいけん), 女・22)

おばあちゃんへ

16. おばあちゃん、

夜(よる)ひこうきにのったら、

ちきゅうのそとにでたよ。　(愛知県(あいちけん), 男・7)

息子へ

17. 二十六(にじゅうろく)のお前(まえ)を見て

おれは考(かんが)える。

愛(あい)しすぎたのか、 足(た)りなかったのかと。　(兵庫県(ひょうごけん),男・63)

ことば

- 用(よう) : 볼일
- 地球(ちきゅう) : 지구
- 外(そと) : 밖
- 息子(むすこ) : 아들

18. 親離(おやばな)れする年(とし)ごろに

オムツ交換(こうかん)

それでいい　生(い)きていて　(広島県(ひろしまけん),女・40)

妻(つま)へ

19. 時々(ときどき)、

お前(まえ)の夢(ゆめ)を見(み)る。

子供(こども)たちにも出(で)てやってくれ。　(岩手県(いわてけん), 男・64)

ことば

- 親離(おやばな)れ : 부모 곁을 떠남, 부모로부터 독립하는 일
- 年(とし)ごろ : 적령기, 그럴만한 나이
- オムツ : 기저귀
- 交換(こうかん) : 교환
- 時々(ときどき) : 때때로, 가끔
- お前(まえ) : 자네, 당신
- 夢(ゆめ)を見(み)る : 꿈을 꾸다

문형 이해

1 のに：~인데.

예상이나 기대에 어긋난 상황에서 불만, 유감, 실망의 감정을 나타낸다.

❶ 彼は知っているのに知らないふりをしている。

그는 알고 있으면서 모른 척을 하고 있다.

❷ ぼくのせいでもないのに、先生に叱られました。

내 탓도 아닌데 선생님에게 야단맞았습니다.

❸ もう春なのに少しも暖かくならない。

벌써 봄인데 조금도 따뜻해지지않는다.

2 まるで~みたい(=ようだ)：마치~와 같다.

❶ 今日は風が強くて、まるで台風みたい。

오늘은 바람이 세서 마치 태풍같다.

❷ あの人はまるで女のような言葉使いをしています。

그 사람은 마치 여자와 같은 말투를 쓰고 있습니다.

❸ あなたはまるで子供みたいね。

당신은 마치 아이같네요.

3 なんだか：왠지, 어쩐지(=なんとなく)

❶ あなたと話していたら、なんだか少し気分が楽になりました。

당신과 이야기하고 있자니 왠지 조금 기분이 편안해졌습니다.

❷ 彼は最近、なんだか私のことを避けているようなきかする。

그는 최근에 어쩐지 나를 피하고 있는 듯한 기분이 든다.

❸ 別に叱られたこともないのに、なんだかあの先生は怖い。

별로 야단맞지도 않았는데 왠지 그 선생님은 무섭다.

8. 星の王子さま

サン・テグジュペリ

1

キツネは、また、話をもとに戻しました。

「おれ、毎日同じことして暮しているよ。おれがニワトリを追っ掛けると、人間のやつがおれを追っ掛ける。ニワトリがみんな**似たり寄ったり**なら、人間のやつが、またみんな似たり寄ったりなんだから、おれは少々退屈してるよ。だけど、もし、あんたが、おれと仲よくしてくれたら、おれは、お日さまに当たったような気持ちになって、暮してゆけるんだ。足音**だって**、今日まで聞いてきたのとは、違ったのが聞けるんだ。他の足音がすると、おれは穴の中にすっ込んでしまう。でも、あんたの足音がすると、おれは、音楽でも聞いてる気持ちになって、穴の外へ這い出すだろうね。それから、あれ、見

ことば

- 戻す(5타)：되돌리다, 돌려주다
- 追っ掛ける(하1타)：追い掛ける。뒤쫓다
- 似たり寄ったり：비슷비슷함
- 退屈：지루함, 따분함, 무료함, 심심함
- お日さま：해님
- 足音：발소리
- すっ込む(5자)：引っ込む、その場から退く。그 자리에서 물러나다, 꺼지다
- 這い出す(5자)：기어 나오다(나가다), 기기시작하다

なさい。あの向こうに見える麦ばたけはどうだね。おれは、パンなんか**食べやしない**。麦なんて、何にも**なりゃしない**。だから麦ばたけなんか見**たところで**、思い出すことって、何にも**ありゃしない**よ。**それどころか**、おれはあれ見ると、気が塞ぐんだ。だけど、あんたのその金色の髪は美しいなあ。あんたがおれと仲よくしてくれたら、おれにゃ、そいつが素晴らしいものに見えるだろう。金色の麦を見ると、あんたを思い出すだろうな、それに、麦を吹く風の音も、おれにゃ嬉しいだろうな…」

キツネは黙って、長いこと、王子さまの顔をじっと見ていました。

「なんなら…おれと仲よくしておくれよ」と、キツネが言いました。

「でも、どうしたらいいの？」と、王子さまが言いました。

キツネは答えました。

「辛抱が大事だよ。最初は、おれから少し離れて、こんなふうに、草の中に座るんだ。おれは、あんたをちょいちょい横目で見る。あんたは、何にも言わない。それも、ことばっていうやつが、勘違いのもとだからよ。一日一日と経ってゆくうちにゃ、あんたは、だんだんと近いところへ来て座れるようになるんだ…」

ことば

- 麦ばたけ : 보리밭
- 気が塞ぐ : 우울해지다
- 金色 : 금색
- 素晴らしい : 멋지다, 근사하다
- 黙る(5자) : 입을 다물다, 침묵하다
- じっと見る : 물끄러미 보다
- 辛抱 : 참음, 참고 견딤, 인내
- ちょいちょい : 度々。가끔, 때때로
- 横目 : 곁눈
- 勘違い : 思い違い。착각, 오해
- 経つ(5자) : (시간, 세월)이 지나다, 흐르다, 경과하다

2

王子さまは、こんな話をし合っているうちに、キツネと仲よしになりました。だけれど、王子さまが別れていく時刻が近づくと、キツネが言いました。

「ああ！…　きっと、泣いちゃうよ」

「そりゃ、君のせいだよ。ぼくは、君にちっとも悪いことしようとは思わなかった。だけど、君は、ぼくに仲よくしてもらいたがったんだ」

「そりゃそうだ」と、キツネが言いました。

「でも、君は、泣いちゃうんだろう？」と、王子さまが言いました。

「そりゃそうだ」と、キツネが言いました。

「じゃ、何にもいいことはないじゃないか」

「いや、ある。麦ばたけの色が、あるからね」

それから、キツネは、また、こうも言いました。

「もう一度、バラの花を見にいってごらんよ。あんたの花が、世の中に一つしかないことが分かるんだから。それから、あんたがおれにさよならを言いに、もう一度、ここに戻ってきたら、おれはおみやげに、一つ、秘密を贈り物にするよ」

王子さまは、もう一度バラの花を見に行きました。そして、こう言いました。

◦時刻：시각　　◦贈り物：プレゼント。선물

「あんたたち、ぼくのバラの花とは、まるっきり違うよ。それじゃ、ただ咲いてるだけじゃないか。だあれも、あんたたちとは、仲よくしなかったし、あんたたちの方でも、だれとも仲よくしなかったんだからね。ぼくが初めて出くわした時分のキツネとおんなじさ。あのキツネは、はじめ、10万ものキツネと同じだった。だけど、今じゃ、もう、ぼくの友だちになってるんだから、この世に一匹しかないキツネなんだよ」

そう言われて、バラの花たちは、たいそう、きまりが悪がりました。

「あんたたちは美しいけど、ただ咲いてるだけなんだね。あんたたちのためには、死ぬ気になんかなれないよ。そりゃ、ぼくのバラの花も、何でもなく、そばを通ってゆく人が見たら、あんたたちとおんなじ花だと思うかも知れない。だけど、あの一輪の花が、ぼくには、あんたたちみんなよりも大切なんだ。だって、ぼくが水をかけた花なんだからね。覆いガラスもかけてやったんだからね。ついたてで、風に当たらないようにしてやったんだからね。毛虫を、二つ、三つはチョウになるように殺さずにおいたけど、殺してやった花なんだからね。不平も聞いてやったし、自慢話も聞いてやったし、黙っているならいるで、時には、どうしたのだろうと、聞耳をたててやった花なんだからね。ぼくのものになった花なんだからね」

ことば

- まるっきり：まるきり、全く、全然。(뒤에 부정의 말이 따름) 전혀, 완전히
- 出くわす(5자)：偶然出会う。우연히 만나다, 딱 마주치다
- 時分：時、ころ、時期。適当な時期。때, 무렵, 시기
- きまりが悪い：面目が立たない、何となく恥ずかしい。어쩐지 부끄럽다, 쑥스럽다, 겸연쩍다
- 一輪：한 송이
- 覆いガラス：유리덮개
- ついたて：칸막이
- 毛虫：(쐐기, 송충이 등과 같이 몸에 길고 빳빳한 털이 있는 벌레의 총칭) 모충
- チョウ：나비
- 不平：불평

3

バラの花たちにこう言って、王子さまは、キツネのところに戻ってきました。

「じゃ、さよなら」と、王子さまは言いました。

「さよなら」と、キツネが言いました。「さっきの秘密を言おうかね。なに、なんでもないことだよ。心で見なくちゃ、ものごとはよく見えないってことさ。肝心なことは、目に見えないんだよ」

「肝心なことは、目に見えない」と、王子さまは、忘れないように繰り返しました。

「あんたが、あんたのバラの花をとても大切に思ってるのはね、そのバラのためにひまつぶししたからだよ」

「ぼくが、ぼくのバラの花を、とても大切に思ってるのは…」と、王子さまは、忘れないように言いました。

「人間っていうものは、この大切なことを忘れてるんだよ。だけど、あんたは、このことを忘れちゃいけない。面倒を見た相手には、いつまでも責任があるんだ。守らなけりゃならないんだよ、バラの花との約束をね…」と、キツネは言いました。「ぼくはあのバラの花との約束を守らなけりゃいけない…」と、王子さまは忘れないように繰り返しました。

ことば

- 自慢話：자랑하는 이야기
- 聞耳を立てる：よく聞こうとして耳を澄ます。(잘 들으려고) 귀를 기울이다
- 肝心：중요, 소중, 요긴함
- 繰り返す(5타)：되풀이하다, 반복하다
- ひまつぶし：あり余る時間をすごすためにすること。심심풀이
- 面倒を見る：보살피다, 돌보다

문형 이해

1 似たり寄ったり : 비슷비슷함, 대동소이함.

❶ 最新作といっても、内容は前のと似たり寄ったりなのであまり面白くない。
최신작이라고 해도 내용은 전의 것과 비슷비슷해서 별로 재미없다.

❷ 似たり寄ったりの考え方では、社会は発展できない。
대동소이한 가치관으로는 사회는 발전할 수 없다.

❸ 何度も実験してみたが、結果は似たり寄ったりだった。
몇 번이나 실험해보았지만 결과는 거기서 거기였다.

❹ あの二人は自慢しあっているが、彼らの実績は似たり寄ったりである。
그 두 사람은 서로 자랑하고 있지만 그들의 실적은 고만고만하다.

2 명사+だって : ~라도, ~도(=も)

'~도 예외가 아니라 역시 마찬가지로'라는 의미를 나타낸다.

❶ 先生だって間違うことはあります。
선생님이라도 틀리는 일은 있습니다.

❷ 好き嫌いはありません。魚だって肉だって何だって大丈夫です。
좋고 싫은 건 없습니다. 생선이든 고기든 뭐든 괜찮습니다.

❸ だれにだって一つや二つは秘密はある。
누구라도 비밀 한 두개는 있다.

❀ 「だって」가 접속사로 쓰일 때는 이유나 원인에 대한 설명의 뜻을 지닌다. 특히 자신의 행위 혹은 설명을 정당화하기위해「だって～もの(もん)」의 표

현이 사용된다.

① A : 夕刊まだかな。

석간 아직 안 왔나?

B : だって今日は日曜日でしょ、来ないわよ。

오늘은 일요일이잖아요, (석간)안와요.

② A : どうして外で遊ばないの。

왜 밖에서 놀지 않니?

B : だって寒いんだもん。

춥단 말이 예요.

③ A : 昨日はどうして待ってくれなかったの。

어제는 어째서 기다려 주지 않았어?

B : だってあそこのカフェ、人が長くいられなかったんだよ。

그 카페, 사람이 오래 있을 수 없었단 말이야.

3 동사ます형＋は(も)＋しない : ～하지는(도) 않는다. 부정문의 강조.

이 문형은 동사 ます형이「い」음일 경우에는「(い)＋ゃ＋しない」로, 동사 ます형이「え」음일 경우에는「(え)＋や＋しない」로 발음되기도 한다.

❶ それぐらいのことで怒りはしないだろう。

＝怒りゃしない

그 정도 일로 화내지는 않겠지.

❷ 彼女はそれほどのことで泣きはしないはずだ。

＝泣きゃしない

그녀는 그까짓 일로 울지는 않을 거야.

❸ 大統領は原稿を見もしないで、話し始めた。

대통령은 원고를 보지도 않고 이야기하기 시작했다.

④ あんなに小さい声で呼んだら聞えはしないだろう。

＝聞えやしない

그렇게 작은 소리로 부른다면 들리지는 않겠지.

4 동사 た형＋ところで : ~한들, 한댔자.(＝たとえ~ても)

부정(ない)이나 「むだだ、無意味だ、無理だ」등과 같은 문형을 받아 '비록 ~해도, 아무런 이득이 없다거나 더욱 상태가 악화된다'는 의미를 나타낸다.

❶ 今更後悔したところで、仕方がないよ。

이제 와서 새삼 후회한들 어쩔 수 없어.

❷ 考えてばかりいたところで、一歩も前には進まない。

생각만 하고 있어 봤자 한발자국도 앞으로는 나가지 않아.

❸ 失敗したところで、失うものがあるわけじゃないし、まずやってみるよ。

실패한들 잃을 게 있는 것도 아니고 일단 해볼게.

5 ~どころか : ~는 커녕, ~는 고사하고.

어떤 사항을 예로 들어 이를 강하게 부정하는 뉘앙스를 강조한다.

❶ A : 彼女は独身ですか。

그녀는 독신인가요?

B : いいえ、独身どころか、子供が３人もいますよ。

아니요, 독신은 고사하고, 아이가 셋이나 있어요.

❷ 涼しくなるどころか、連日30度を越える暑さが続いています。

서늘해지기는커녕, 연일 30도를 넘는 더위가 계속되고 있습니다.

❸ 彼は静かなどころか、すごいおしゃべりだ。

그는 조용하기는커녕, 엄청난 수다쟁이다.

9. 結婚

M・スコット・ペック

少し前、私は夫婦のグループワークショップで、メンバーの一人が、妻の「目的と働き」は家をきれいにし、おいしい料理を食べさせることだというのを聞いた。驚いたことに、他の六人のメンバーが、男性も女性も同じような意見を語ったのである。誰もが配偶者の目的と働きを自分との関わりで定義して、相手が根本的に自分とは別個の存在で、必ずしも結婚に縛りつけられてはいないことを認識していなかった。

夫婦の問題を考える時、妻と私は結婚を登山の際のベースキャンプにたとえる**ことにしている**。山に登るには、ちゃんとしたベースキャンプが必要である。そこには安全

ことば

- 夫婦：부부
- グループワークショップ：그룹 워크숍, 그룹 모임
- メンバー：멤버, 회원
- 妻：부인↔夫
- 登山：등산
- 際：~때
- ベースキャンプ：베이스캠프
- たとえる(하1타)：예를 들다, 비유하다
- 登る(5자)：오르다, 올라가다
- ちゃんとした：꼼꼼한, 틀림없는, 충분한
- 必要：필요

な場所と食糧がある。次の頂上を目指してさらに挑む前に、栄養と休息をとることができる。すぐれた登山家なら、実際の登山にかけるのと少なくとも同じ時間—それ以上ではないにしても—を、ベースキャンプの整備に**費やさねばならない**ことを知っている。彼らの生存が、頑固なベースキャンプと十分な食糧のストックにかかっているからである。

男性の側から生じるよくある問題は、**結婚したとたん**、夫が全エネルギーを登山に注いで、結婚、つまりベースキャンプを顧みないことである。彼は休息と元気づけのために戻るとき、いつでもそこが申し分ない状態であるのを期待して、それを維持するための責任を**とろうとしない**。

同様によくある、伝統的な女性の側からする問題は、一旦結婚すると、人生の目的が達せられたと思い込むことである。彼女にとっては、ベースキャンプが山頂なので

ことば

- 食糧 : 식량
- 頂上 : 정상
- 目指す(5타) : 목표로 하다, 노리다, 겨냥하다
- さらに : 더한층, 더욱 더
- 挑む(5자타) : 도전하다, 맞서다
- 栄養 : 영양
- 休息 : 휴식
- 登山家 : 등산가
- 実際 : 실제
- 整備 : 정비
- 費やす(5타) : 쓰다, 소비하다, 낭비하다
- 生存 : 생존
- 頑固 : 완고
- ストック : 비축, 저장 stock
- かかる(5자) : 관계되다, 의하다
- エネルギー : 에너지
- 注ぐ(5타) : (물 등을)붓다, (정신을)집중하다, 쏟다
- 顧みる (상1타) : 뒤돌아보다, 돌보다, 염두에 두다
- 元気づける(하1타) : 기운을 북돋우다
- 戻る(5자) : 되돌아가다, 되돌아오다
- 申し分ない : 나무랄 데가 없다, 더할 나위 없다
- 状態 : 상태
- 期待する : 기대하다
- 維持 : 유지
- 責任 : 책임
- 同様 : 마찬가지

ある。彼女は夫の、結婚以外の仕事やさまざまな経験を求める気持ちを理解することも共感することもできない。それに嫉妬して夫に「もっと家庭のことにエネルギーを注いでくれ」と果てしなく要求する。

結婚とはまさしく共同的な制度である。それは相互の貢献と配慮、時間とエネルギーを必要とする。その主な目的はお互いが自分自身の精神的成長を目指して自分の旅を続けるのを支えることである。男性、女性のどちらもが前向きに進むだけでなく、ホームベースを大切にしなければならない。

—『愛と心理療法』の中 —

ことば

- 伝統的：전통적
- 一旦：일단
- 達する(サ변격)：(어떤 장소, 정도, 상태에) 이르다, 도달하다, 다다르다
- 思い込む(5자)：굳게 믿다, 믿어버리다
- 山頂：산 정상
- さまざまな：다양한
- 求める(하1타)：구하다, 요구하다, 찾다
- 共感：공감
- 嫉妬する：질투하다
- 家庭：가정
- 果てしなく：끊임없이
- 要求：요구
- まさしく：틀림없이, 바로
- 協同的：협동적
- 制度：제도
- 相互：상호
- 貢献：공헌
- 配慮：배려
- 主な：주된
- 精神的：정신적
- 成長：성장
- 旅：여행
- 支える(하1타)：받치다, 지탱하다
- 前向き：적극적이고 긍정적인 태도나 생각
- 進む(5자)：나아가다, 전진하다
- ホームベース：홈베이스

문형 이해

1 ~ことにする : ~하기로 정하다(생각하다).

❶ その話は聞かなかったことにしましょう。
그 이야기는 안들은 걸로 합시다.

❷ 来年、休学して日本へ行くことにしました。
내년에 휴학하고 일본에 가기로 했습니다.

❸ 今のカンニングは見なかったことにするが、もう一度したら許さない。
이번 컨닝은 안 본 걸로 하겠지만, 다시한번 하면 용서하지 않겠어.

2 동사 ない형＋ねばならない : ~해야만 한다.(＝동사ない형＋なければならない)

❶ 不義には力を合わせて立ち向かわねばならない。
불의에는 힘을 합쳐 맞서야만 한다.

❷ 計画を立てた以上、最後まで頑張らねばならない。
계획을 세운 이상, 마지막까지 노력해야만 한다.

❸ あら、もうこんな時間、そろそろ帰らなければなりませんね。
어머나, 벌써 시간이 이렇게 되었네. 슬슬 돌아가야겠어요.

3 동사의 과거형た＋とたん : ~하자마자, 하기가 무섭게 (＝~とすぐ、~やいなや)

말하는 이가 뒤이어 일어나는 상황이나 행동을 새삼스럽게 느끼거나 의외의 기분을 표현할 때 사용한다.

❶ ドアを開けたとたん、猫が飛込んできた。

문을 연 순간, 고양이가 뛰어들어 왔다.

❷ 試験終了のベルが鳴ったとたんに教室が騒がしくなりました。

시험 종료 벨이 울리자마자 교실이 소란스러워졌습니다.

❸ 有名になったとたん、彼は彼女のそばを去ってしまった。

유명해지자마자 그는 그녀의 곁을 떠나버렸다.

❁ 「동사 과거형 た＋とたん」문형은 말하는 이의 의지적인 동작을 나타내는 표현이 뒤따를 경우에는 적합하지않다.

私は家に帰ったとたん、お風呂に入った。 (×)

→ 私は家に帰るとすぐにお風呂に入った。(○)

나는 집에 돌아오자 곧바로 목욕을 했다.

4 동사의 의지/권유형＋とする : ~하려고 하다(의지).

❶ 明日からダイエットを始めようとします。

내일부터 다이어트를 시작하려고 합니다.

❷ 彼は疲れているのに、全然休もうとしません。

그는 피곤한데도 전혀 쉬려고하지 않습니다.

❸ 父は私がいくら勧めてもたばこをやめようとしない。

아버지는 내가 아무리 권해도 담배를 끊으려고 하지 않는다.

MEMO

Unit 4

문형으로 익히는
일본어 원서 독해

10. 勉強の心構え(2)

中谷彰宏

僕は大学生に話をするのがあまり好きではありません。なぜなら、大学生には緊張感がないからです。緊張感のない人間にいくら話しても何も伝わらないからです。何も吸収できないのです。緊張感がないと、バカ顔になります。緊張感は問題意識から生まれます。

問題意識を分かりやすく言うと、「このままではヤバイぞ」という危機感です。大学生より予備校生[1]のほうが緊張感があります。予備校生には危機感があるからです。「こ

- 緊張感：긴장감
- 伝わる(5자)：전해지다, 전해 내려오다
- 吸収：흡수
- やばい：不都合である、危険である。위험하다
- 危機感：위기감
- 予備校：상급학교의 입학시험 준비를 위한 교육 시설

1) 予備校生：大学などの入学試験のための教育をする各種学校に通う人。

のまま志望校に受からなかったらどうしよう」というプレッシャーが予備校生に緊張感を与えています。大学生でも卒業が近づくと緊張感が出てきます。「なんとかしなければ」と思ってない人には、何を言ってもだめなのです。

大学時代にこいつはすごいという怪物に出会ってください。すごいなと思っている人の前に行くと、緊張して一言も話せません。そういう人に会わなければなりません。そういう人を見つけなければならないのです。そういう人に会ったことがないとしたら、君自身の責任です。相手からやってくるものではありません。

君は緊張して一言も話せない人に会ったことがありますか。楽な人ばかり会っていてはいけません。楽でない人にも、挑戦してください。子どもの間は身の回りに楽な人ばかりがいます。だれに会っても緊張しないというのは、その人が強いからではありません。楽な人ばかりを選んで会っているだけなのです。緊張するような人を避けているだけなのです。異性なら、あるでしょう。恋愛感情ならだれでも経験するのです。恋愛感情以外で、人にドキドキするという経験をして下さい。緊張感とはドキドキすることです。恋愛以外にドキドキすることを見つける。これが大学時代にしなければならない大事なことの一つです。

ことば

- 志望 : 지망
- 受かる(5자) : 시험에 합격하다
- プレッシャー(pressure) : 프레셔, 정신적인 압박
- 与える(하1타) : 주다, 공급하다
- 近づく(5자) : 접근하다, 가까이 다가가다
- 怪物 : 괴물
- 責任 : 책임
- 挑戦 : 도전
- 選ぶ(5타) : 고르다, 뽑다, 선택하다
- 避ける(하1타) : 피하다, 멀리하다
- 異性 : 이성
- ドキドキ : 두근두근

2

海外旅行をして初めて知る世界の広さもあります。できるだけ早いうちに海外にも行って下さい。若者は就職の面接で海外旅行の話をするのが好きです。が、どれも似たり依ったりの話です。海外旅行で知る世界の広さは、外面的な世界の広さです。世界というのは二つあります。外面的な世界と、内面的な世界です。

ほとんどの大学生は二つの世界のうち、外面的な世界しか持っていません。外面的な世界と内面的な世界のどちらが広いのでしょうか。圧倒的に外面的な世界より内面的な世界のほうが広いのです。内面的な世界は、孤独にならないと、旅をすることができません。夏目漱石の『三四郎』は少年が大人になる話です。三四郎は熊本から東京に向かう電車のなかで、桃を食べている先生に出会います。先生は三四郎にこんな話をします。「熊本より、東京は広い。東京より日本は広い。日本より世界は広い。世界より…」ちょっとここで間をあけて、「世界より、心のほうが広いでしょう」つまり、田舎より都会が大きいというのは、単に外面的世界の話にすぎません。田舎から都会に出たら、世界が広がったような気がしてしまいます。それでつい自分も

ことば

- 就職：취직
- 面接：면접
- 似たり寄ったり：엇비슷함
- 圧倒的：압도적
- 孤独：고독
- 向かう(5자)：향하다, 마주보다, 마주대하다
- 桃：복숭아
- 田舎：시골
- 都会：도회, 도시
- 単に：단순히

成長したような気になってしまうのです。自分はこんなに成長したと錯覚してしまうのです。地方から出てきている人が、帰省するとたいてい都会の自慢話をするのと同じ心理です。

でも、内面の世界の広さに比べたら、外面的な世界の広さなど、たかがしれているのです。孤独になるというのは内面への旅行なのです。最近ではほとんどの学生が海外旅行を経験しています。ところが、内面の旅行をしたことのない大学生は大勢います。ぜひ、内面への旅行をしてください。そのためには一人になる時間を持つことです。

3

大学生にしなければならないことは何でしょう。それは大学時代にしかできないことをすることです。一生のうちで、大学時代にしかできないこと、それは一人の時間を持つことです。一人になることです。もうこの時期を逃したら、一生一人になることはできません。一人の時間を持つことは、貴重なことなのです。一人になることの貴重さを、残

ことば

- 成長：성장
- 錯覚：착각
- 地方：지방
- 帰省：귀성
- 心理：심리
- たかがしれる：(어느 정도인지) 뻔하다, 대수롭지 않다, 별 것 아니다
- 逃す(5타)：놓치다, 놓아주다＝逃がす
- 貴重：귀중

念**ながら**君はまだ気づいていません。

これまでは、親と暮してきた。先生と暮してきた。兄弟と暮してきた。あと何年かして、世の中に出たらもう一生、一人にはなれません。社会に出たら、いやでも一日中、上司と付き合いもしなければなりません。結婚したら、夫婦でいっしょに住むようになります。そのうちに子どもができます。一人の時間はこれがもう最後です。それは必ずしも地方から出てきて一人暮しをしている人だけの話ではありません。**たとえ**実家から大学に通っている人**であっても**、大学時代が精神的に唯一、一人になることができる時間なのです。今を逃しては孤独になる時間はないのです。

友だちと話してしまうと、自分と会話しなくなってしまうからです。女子学生は相変わらず、友だちといっしょにトイレに行くような暮しをしています。まるで小学生の生活の延長です。男子学生は女子学生よりもっと友だちと**べたべた**しています。友だちがいると、つい「お茶」をしてしまいます。せっかく孤独になれる時間を「友だちとのお茶」で**みすみす**失ってしまっては、あまりにももったいない。孤独が最大の教師です。孤独にならないと、人間は成長しません。

- 上司(じょうし)：상사
- 実家(じっか)：본가, 생가
- 通う(かよう)(5자)：다니다, 왕래하다, 오가다
- 精神的(せいしんてき)：정신적
- 唯一(ゆいいつ)：유일
- 相変わらず(あいかわらず)：변함없이, 여전히
- 延長(えんちょう)：연장
- べたべた：끈적끈적, 찰싹
- みすみす：눈앞에 뻔히 보고서도

문형 이해

1 いくら〜ても : 〜아무리〜일지라도, 비록 〜일지라도 (≒ たとえ(い)〜ても、どんなに〜ても)

❶ いくら練習(れんしゅう)してもうまくならない。

아무리 연습해도 잘 되지않는다.

❷ 彼女(かのじょ)はいくら食(た)べても太(ふと)らない。

그녀는 아무리 먹어도 살이 찌지않는다.

❸ どんなにお金持(かねも)ちでも愛(あい)がなければ幸(しあわ)せだとは言(い)えません。

아무리 부자라도 사랑이 없으면 행복하다고는 말할 수 없습니다.

❁ 「いくら〜ても」「どんなに〜ても」와「たとえ(い)〜ても」의 차이.
「いくら〜ても」「どんなに〜ても」는 이미 일어난 상황을 전제로 한 표현임에 비해, 「たとえ(い)〜ても」는 아직 일어나지 않은 상황을 전제로 하는 표현에 사용된다.

いくら読(よ)んでも、分(わ)からない。(もう何度(なんど)も読(よ)んだが、分(わ)からなかった。)
아무리 읽어도 모르겠다.

たとえ読(よ)んでも、分(わ)からない。(まだ読(よ)んでいないが、たぶん分(わ)からないだろう。)
설령 읽는다고 해도 모를 것이다.

❁ 「いくら〜ても」와「どんなに〜ても」의 차이.
「いくら〜ても」는 '몇 번이나'라고 하는 회수를 비롯해서 '얼마나'라는 정도까지 폭넓게 사용되지만, 「どんなに〜ても」는 정도에 한정되어 사용된다.

(いくら○/ どんなに×)電話(でんわ)しても彼(かれ)につながらない。
몇 번이나 전화해도 그와 연락이 안된다.

(いくら○/ どんなに○)苦しくても最後まで頑張ります。

아무리 괴로워도 마지막까지 노력하겠습니다.

2 **명사+ながら : ~인 채로, ~부터 줄곧.**
형용사의 연체형, 형용동사의 어간, 동사의 ます형에 접속하여 변화하지 않고 상태가 계속되는 의미를 나타낸다.

❶ この清酒メーカは、昔ながらの製法で日本酒を作っています。

이 청주 메이커는 옛날 그대로의 제조법으로 일본술을 만들고 있습니다.

❷ 彼女は涙ながらに夕べの出来事について語った。

그녀는 눈물지으며 어젯밤의 일에 대해 이야기하였다.

❸ あの子は生まれながらの優れた才能に恵まれている。

저 아이는 태어나면서부터 뛰어난 재능을 지니고 있다.

❹ 残念ながら、これ以上あなたの面倒は見ていられない。

유감이지만 더 이상 당신을 보살펴줄 수 없다.

3 **べたべた : 끈적끈적, 찰싹.**

❶ 汗で下着がべたべたとくっつく。

땀으로 속옷이 찰싹 들러붙는다.

❷ べたべたという溶けたゴムのような音を立てながらジョギング·シューズで追った。

(村上春樹『世界の終りとハードボイルド·ワンダーランド』)

끈적끈적하게 녹은 고무와 같은 소리를 내며 조깅화를 신고 뒤쫓았다.

❸ 若い男女が人前でべたべたしているのは、ちょっとねえ~。

젊은 남녀가 남들 앞에서 찰싹 붙어있는 건, 조금 보기가 그렇지.

4 みすみす : 뻔히 알면서도, 눈앞에 보고서도.

❶ しっかりしないと、みすみす損(そん)をするよ。

정신차리지 않으면 눈앞에 보고서도 손해를 입어요.

❷ 彼(かれ)はみすみす敵(てき)の計略(けいりゃく)にかかってしまった。

그는 어어 하면서 적의 계략에 걸려버렸다.

❸ あまりにも速(はや)かったので、みすみす取(と)り逃(に)がした。

너무나도 빨랐기에 뻔히 보면서 놓쳤다.

11. ことばのお洒落

向田邦子

渋谷駅で切符を買った時のことである。

気がせいていたので「渋谷一枚！」と叫んでしまった。こういう場合「ここだよ！」と、どなり返されるのがオチだが、その駅員さんは違っていた。静かな声で、

「無料ですよ」

といって、かすかに白い歯を見せた。私は一瞬、この初老の駅員さんに惚れてしまった。

私は東京の南青山に住んでいる。

お洒落のメッカ原宿に近いせいか、喫茶店に入ると、最近流行のファッションに包

ことば

- 洒落：멋, 재치
- 気が急く：物事を早く行いたくていらいらする。気があせる。안달이 나다, 조바심 나다
- どなり返す(5타)：고함이 되돌아오다
- オチ：당연한 결과(결말)
- 無料：무료, 거저
- かすかに：희미하게
- 一瞬：일순, 잠시
- 初老：초로
- 惚れる(하1자)：반하다
- メッカ(Mecca)：메카, 발상지, 성지

まれた若い人でいっぱいである。センスのよさに感心することも多い。しかし、感心するのは外側だけで、聞こえてくる会話には、ひどくガッカリしてしまう。ヤング向けの週刊誌や深夜放送のラジオから拾ってつなぎ合わせたような、調子はいいが全く内容も個性もないやりとりを延々と繰り返している。

自分に似合う、自分を引き立てるセーターや口紅を選ぶように、ことばを**選んでみたらどうだろう**。ことばのお洒落は、ファッションのように遠目で人を引きつけはしない。無料で手に入る最高のアクセサリーである。流行もなく、一生使えるお得な「品」である。**ただし**、どこのブティックをのぞいても売ってはいないから、身につけるには努力が要る。本を読む。流行語は使わない。人真似をしない ― 何でもいいから手近なところから始めたらどうだろうか。長い人生でここ一番というときにモノを言うのは、ファッションでなくて、ことばではないのかな。

ことば

- 感心：감탄,역설적으로 어처구니 없는 행위에 놀람, 기가막힘
- 外側：외향, 외견
- ヤング向け：젊은이 취향
- 週刊誌：주간지
- 深夜放送：심야방송
- つなぎ合わせる(하1타)：연결하여 꿰맞추다
- 調子いい：상태가 좋다, 활발하다, 기세가 좋다
- やりとり：주고받음, 대화
- 延々と：길게, 주저리주저리
- 引き立てる(하1타)：돋보이게 하다, 두드러지게 하다
- 口紅：립스틱
- 遠目：멀리서 봄.
- 引きつける(하1자)：끌다, 매혹하다
- 無料：무료
- お得な「品」：덕본 상품
- ブティック：부티크
- 人真似：다른 사람의 흉내
- 手近な：주변에서 가까운
- ここ一番：가장 중요한 대목
- モノを言う：실력을 발휘하다

문형 이해

1 気がせく : 안달이 나다, 조바심이 나다. 気があせる。

❶ 彼からは何の連絡もなかったので私は気が急いていた。

그로부터 아무런 연락이 없어 나는 애달파 하고 있었다.

❷ 気がせいていてはしくじってしまうだけです。

조바심만 내서는 실패해버릴 뿐입니다.

2 ～せいか : '단정할 수는 없지만 아마도 ～의 탓인지' 후반부에는 부정적인 서술이 이어진다.

❶ 年のせいか、小さい字が読みづらくなった。

나이 탓인지, 작은 글씨를 읽기 힘들게 되었다.

❷ 一人っ子のせいか、甥はわがままに育ってしまいました。

외아들인 탓인지, 조카는 버릇없는 아이로 자라버렸습니다.

❸ 気のせいか、ドアの外に誰かいるような気がします。

그렇게 생각해서인지, 문밖에 누군가 있는 듯한 느낌이 듭니다.

3 ～たら どう(だろう、ですか) : ～하는게(하면) 어때요? 상대에 대한 제안 표현. =～ては どうですか(いかがですか)

❶ 気分転換に旅行でもしたらどうですか。

기분전환으로 여행이라도 하면 좋지 않을까요?

❷ まだ雨も降っていますし、もう少しごゆっくりなさってはいかがですか。

아직 비도 내리고 하니 조금 더 느긋하게 계시면 어떠세요?

❸ さあさあ、遠慮せずにもっと召し上がったら?

자아, 사양마시고 조금 더 드시지요.

❹ 好き嫌いばかり言わないで、食べたらどうなの?

음식 가리지 말고 먹으면 좀 어떠니?

4 ただし : 단, 다만.
앞말에 대한 조건이나 예외를 덧붙일 때. =ただ

❶ 明日臨時休校。ただし教職員は出校すること。

내일 임시 휴교. 단, 교직원은 출근할 것.

❷ 君に協力する。ただし、いくつか条件がある。

자네에게 협력할게. 단, 몇 가지 조건이 있어.

❸ 貸しマンション、1DK。ただし、女性に限る。

임대 맨션, 1DK. 단, 여성에 한함.

12. 魂の道筋、塞いではならない

村上春樹

1

尖閣諸島を巡る紛争が過熱化する中、中国の多くの書店から日本人の著者の書籍が姿を消したという報道に接して、一人の日本人著者としてもちろん少なからぬショックを感じている。それが政府主導による組織的排斥なのか、あるいは書店サイドでの自主的な引き揚げなのか、詳細はまだわからない。だからその是非について意見を述べることは、今の段階では差し控えたいと思う。

ことば

- 尖閣諸島 : 센카쿠 열도, 댜오위다오
- 巡る(5자) : 둘러싸다
- 紛争 : 분쟁
- 過熱化 : 가열화
- 著者 : 저자
- 書籍 : 서적
- 報道 : 보도
- 接する : 접하다
- 少なからぬ : 적지않은
- 主導 : 주도
- 組織的 : 조직적
- 排斥 : 배척
- 自主的 : 자주적
- 引き揚げ : 철수
- 詳細 : 상세
- 是非 : 시비
- 差し控える(하1자타) : 보류하다, 삼가다

この二十年ばかりの、東アジア地域**における**最も喜ばしい達成のひとつは、そこに固有の「文化圏」が形成されてきたことだ。そのような状況がもたらされた大きな原因として、中国や韓国や台湾のめざましい経済的発展があげられるだろう。各国の経済システムがより強く確立されることにより、文化の等価的交換が可能になり、多くの文化的成果(知的財産)が国境を越えて行き来するようになった。共通のルールが定められ、かつてこの地域で猛威をふるった海賊版も徐々に姿を消し(あるいは数を大幅に減じ)、アドバンス(前渡し金)や印税も多くの場合、正当に支払われるようになった。

2

僕自身の経験に基づいて言わせていただければ、「ここに来るまでの道のりは長かったなあ」ということになる。以前の状況はそれほど劣悪だった。どれくらいひどかったか、ここでは具体的事実には触れないが(これ以上問題を紛糾させたくないから)、最近では環境は著しく改善され、この「東アジア文化圏」は豊かな、安定したマーケットとして

ことば

- 文化圏 : 문화권
- もたらす(5타) : 초래하다, 가져오다, 야기하다.
- 等価的交換 : 등가 교환
- 知的財産 : 지적재산
- 国境 : 국경
- 行き来 : 왕래
- かつて : 일찍이
- 猛威をふるう : 맹위를 떨치다
- 海賊版 : 해적판
- 徐々に : 서서히
- 大幅 : 큰 폭
- 減じる(する동사 자타) : 減ずる 줄다, 적어지다, 줄이다
- 前渡し金 : 계약금
- 印税 : 인세
- 支払う(5타) : 지불하다, (돈을)치루다.
- 道のり : 여정
- 劣悪 : 열악
- 紛糾 : 분규
- 著しい : 현저하다, 눈에 띄다

着実に成熟を遂げ**つつある**。まだいくつかの個別の問題は残されているものの、そのマーケット内では今では、音楽や文学や映画やテレビ番組が、基本的には自由に等価に交換され、多くの数の人々の手に取られ、楽しまれている。これはまことに素晴らしい成果というべきだ。

たとえば韓国のテレビドラマがヒットしたことで、日本人は韓国の文化に対して以前よりずっと親しみを抱くようになったし、韓国語を学習する人の数も急激に増えた。それと交換的にというか、たとえば僕がアメリカの大学にいるときには、多くの韓国人・中国人留学生がオフィスを訪れてくれたものだ。彼らは驚くほど熱心に僕の本を読んでくれて、我々の間には多くの語り合うべきことがあった。

3

このような好ましい状況を出現させるために、長い歳月**にわたり**多くの人々が心血を注いできた。僕も一人の当事者として、微力ではあるがそれなりに努力を続けてきたし、このような安定した交流が持続すれば、我々と東アジア近隣諸国との間に存在

ことば

- 着実に：착실히
- 成熟：성숙
- 遂げる(하1타)：달성하다, 이루다, 성취하다
- 個別：개별
- 急激：급격
- 心血を注ぐ：심혈을 기울이다
- 当事者：당사자
- 微力：미력
- それなりに：그나름대로
- 交流：교류
- 持続：지속
- 近隣諸国：근린제국

するいくつかの懸案も、時間はかかるかもしれないが、徐々に解決に向かって行くに違いないと期待を抱いていた。文化の交換は「我々はたとえ話す言葉が違っても、基本的には感情や感動を共有しあえる人間同士なのだ」という認識をもたらすことをひとつの重要な目的にしている。それはいわば、国境を越えて魂が行き来する道筋なのだ。

今回の尖閣諸島問題や、あるいは竹島問題が、そのような地道な達成を大きく破壊してしまうことを、一人のアジアの作家として、また一人の日本人として、僕は恐れる。国境線というものが存在する以上、残念ながら(というべきだろう)領土問題は避けて通れないイシューである。しかしそれは実務的に解決可能な案件であるはずだし、また実務的に解決可能な案件でなくてはならないと考えている。領土問題が実務課題であることを超えて、「国民感情」の領域に踏み込んでくると、それは往々にして出口のない、危険な状況を出現させることになる。それは安酒の酔いに似ている。安酒はほんの数杯で人を酔っ払わせ、頭に血を上らせる。人々の声は大きくなり、その行動は粗暴になる。論理は単純化され、自己反復的になる。しかし賑やかに騒いだあと、夜が明けてみれば、あとに残るのはいやな頭痛だけだ。

ことば

- 懸案 : 현안
- 魂 : 혼
- 道筋 : 길, 통로, 사물의 도리
- 地道 : 견실함, 착실함
- 破壊する : 파괴하다
- 恐れる(하1자) : 겁내다, 두려워하다, 우려하다
- 領土 : 영토
- 実務的 : 실무적
- 案件 : 안건
- 課題 : 과제
- 踏み込む(5자) : 발을 내딛다, 들여놓다, 파고들어가다
- 往々にして : 왕왕, 종종
- 安酒の酔い : 싼 술에 취함
- 粗暴 : 행동이 거칠고 난폭함
- 単純化 : 단순화
- 自己反復的 : 자기반복적
- 夜が明ける : 밤이 새다
- 頭痛 : 두통

4

そのような安酒を気前よく振る舞い、騒ぎを煽るタイプの政治家や論客に対して、我々は注意深くならなくてはならない。1930年代にアドルフ・ヒトラーが政権の基礎を固めたのも、第一次大戦によって失われた領土の回復を一貫してその政策の根幹に置いたからだった。それがどのような結果をもたらしたか、我々は知っている。今回の尖閣諸島問題においても、状況がこのように深刻な段階まで推し進められた要因は、両方の側で後日冷静に検証されなくてはならないだろう。政治家や論客は威勢のよい言葉を並べて人々を煽るだけですむが、実際に傷つくのは現場に立たされた個々の人間なのだ。

僕は『ねじまき鳥クロニクル』という小説の中で、1939年に満州国とモンゴルとの間で起こった「ノモンハン戦争」を取り上げたことがある。それは国境線の紛争がもたらした、短いけれど熾烈な戦争だった。日本軍とモンゴル＝ソビエト軍との間に激しい戦闘が行われ、双方あわせて二万に近い数の兵士が命を失った。僕は小説を書いたあと

ことば

- 気前よい：선뜻 ~하다, 성격이 좋다
- 振る舞う：(5타) 대접하다, 향응하다. (5자) 행동하다
- 煽る(5타)：선동하다, 부채질하다
- 論客：논객
- 固める(하1타)：굳히다, 다지다, 한데 모으다
- 回復：회복
- 一貫して：일관하여
- 政策：정책
- 根幹：근간
- 深刻な：심각한
- 押し進める(하1타)：밀고나아가다, 추진하다
- 後日：훗날
- 冷静：냉정
- 検証：검증
- 威勢：위세
- 取り上げる(하1타)：받아들이다, 문제삼다
- 熾烈：치열
- 双方：쌍방

でその地を訪れ、薬莢や遺品がいまだに散らばる茫漠たる荒野の真ん中に立ち、「どうしてこんな何もない不毛な一片の土地を巡って、人々が意味もなく殺し合わなくてはならなかったのか？」と、激しい無力感に襲われたものだった。

5

最初にも述べたように、中国の書店で日本人著者の書物が引き揚げられたことについて、僕は意見を述べる立場にはない。それはあくまで中国国内の問題である。一人の著者としてきわめて残念には思うが、それについてどうすることもできない。僕に今ここではっきり言えるのは、そのような中国側の行動に対して、どうか報復的行動をとらないでいただきたいということだけだ。もしそんなことをすれば、それは我々の問題となって、我々自身に跳ね返ってくるだろう。逆に「我々は他国の文化に対し、たとえどのような事情があろうと**しかるべき**敬意を失うことはない」という静かな姿勢を示すことができれば、それは我々にとって大事な達成となるはずだ。それはまさに安酒の酔いの対極

ことば

- 薬莢：탄피
- 遺品：유품
- いまだに：아직도, 여전히
- 散らばる(5자)：흩어지다, 산재하다
- 茫漠たる荒野：망막한 황야
- 一片：한조각
- 襲う(5타)：덮치다, 습격하다, 엄습하다
- 述べる(하1타)：말하다, 기술(서술)하다
- 報復的：보복적
- 跳ね返る(5자)：튀어서 되돌아오다, (사물의 영향 등이) 잇따라 파급하여 되돌아오다
- 逆に：거꾸로
- 敬意：경의
- まさに：실로
- 対極：대극, 정반대

に位置(いち)するものとなるだろう。

安酒(やすざけ)の酔(よ)いはいつか覚(さ)める。しかし魂(たましい)が行(い)き来(き)する道筋(みちすじ)を塞(ふさ)いでしまってはならない。その道筋を作るために、多くの人々が長い歳月(さいげつ)をかけ、血の滲(にじ)むような努力(どりょく)を重(かさ)ねてきたのだ。そしてそれはこれからも、何があろうと維持(いじ)し続(つづ)けなくてはならない大事な道筋(みちすじ)なのだ。

2012. 9. 28『朝日新聞(あさひしんぶん)』より

- 位置(いち)する：위치하다
- 塞(ふさ)ぐ：(5타)막다, 가리다, (5자)우울해지다
- 滲(にじ)む(5자)：번지다, 스미다, 배다

문형 이해

1

～における：～에 있어서의, ～의 경우의.
동작이 이루어지는 장소, 장면, 상황을 나타낸다.

❶ 国際経済における基本原則は市場を通じた公正な競争だ。

국제경제에 있어서의 기본 원칙은 시장을 통한 공정한 경쟁이다.

❷ 21世紀においても、おそらく戦争と貧困はこの地球上からなくならないだろう。

21세기에 있어서도 아마 전쟁과 빈곤은 이 지구상에서 사라지지 않을 것이다.

❸ この分野における彼の知識は他の追従を許さない。

이 분야에 있어서의 그의 지식은 타의 추종을 불허한다.

2

～つつある：～하고 있다, 계속～하는 중이다.
'동사 ます형＋つつある'의 형태로 동작이나 작용의 진행을 나타낸다.

❶ 地球の人口は年々増えつつある。

지구의 인구는 해마다 계속 늘어나고 있다.

❷ 病状は回復に向かいつつあるので、ご安心ください。

병세는 계속 회복 중에 있으므로 안심하세요.

❸ 今、わがチームは劣勢を挽回し、優勢に転じつつある。

지금 우리 팀은 열세를 만회하고 우세로 돌아서고 있는 중이다.

3 ~にわたり : ~에 걸쳐, ~하는 동안

기간이나 장소, 공간을 뜻하는 명사나 수량을 뜻하는 단어에 붙어 그 대강의 범위를 나타낸다. =~にわたって

❶ あの国の人々は10年にわたり、内戦やクーデターなど、相次ぐ不運に苦しまれている。
그 나라 사람들은 10년에 걸쳐 내전이나 쿠데타 등, 잇단 불운으로 힘들어하고 있다.

❷ 日本と大陸の間には2千年にわたって、さまざまな交流が行われている。
일본과 대륙 사이에는 2천년에 걸쳐 다양한 교류가 이루어지고 있다.

❸ その肝臓移植手術は6時間にわたる大手術となった。
그 간장 이식 수술은 6시간에 걸친 대수술이 되었다.

4 しかるべき : 당연하다, 마땅하다, 당연한, 알맞은, 응분의

「しかるべく~する」 혹은 「しかるべき+명사」의 형태로 쓰인다.

❶ 君が悪いんだから、謝ってしかるべきだ。
네가 잘못했으니까 사과해야 마땅하다.

❷ これだけの味なら、値段が高くてしかるべきだ。
이 정도로 맛있으면 값이 비싼 게 당연하다.

❸ 先輩にはそれ相応の敬意を払ってしかるべきだ。
선배에게는 그에 합당한 경의를 표하는 것이 도리이다.

❹ 今回のことは君の自業自得である。しかるべき処分を受けて当然だ。
이번 일은 너의 자업자득이다. 응분의 처분을 받아 마땅하다.

MEMO

문형으로 익히는
일본어 원서 독해

Unit 5

13. 夢の段階

中谷彰宏

1

会ったことのない人の悪口を、平気で言う人がいます。会ってみないとわからないのです。会ったことのない人の悪口は、決して言ってはならないのです。会った人の悪口は、まだいいのです。でも、悪口から創造的なものは何も生まれませんから、つまらないと思ったら、黙っていればいいのです。

見ていないものに対して、けなすことはもちろん、ほめてもいけないのです。僕は観ていない作品には、コメントをしません。これは映画**に限りません**。人に対してもです。すべての人を好きになれとはいいません。すべての人を好きになるというわけではありません。嫌いだというのではなく、面白い映画と、**ぴんと来ない**映画があるだけです。面

ことば

- 悪口：욕, 험담
- 平気で：아무렇지 않게, 태연하게
- 創造的：창조적
- 黙る(5자)：입을 다물다, 침묵하다, 말없이 있다
- けなす(5타)：헐뜯다, 비방하다＝そしる

白い人と、ぴんと来ない人がいるだけです。ちょくせつ自分の目で確かめたもの以外は、コメントしないという姿勢を身につけてください。これは生きる姿勢です。

2

人間の夢には、3段階あります。まず、第1段階。それはまだ意識していない段階です。意識していないけれども、それが**好きでしょうがない**という段階です。将来の夢を何も持っていないことと、無意識だけど、持っていることとは、まったく違います。好きだけれども、それを一生の仕事にしようというほどには、まだ自覚していません。たいていの人は、子供の頃が、この夢の第1段階に属します。夢の第1段階の時代のない人はいません。「特に夢がないんです」という人は、夢を持っていないのではありません。夢の1段階にいるので、夢が自覚できないのです。

次に、夢の第2段階。漠然と自分の夢を意識しはじめる頃です。君は今、夢の1段階ですか。**それとも**夢の第2段階ですか。夢の1段階と夢の第2段階との違いは、何でしょうか。まだ、それほど明確にはいしきしていないので、夢の1段階と区別がつきにくいかも知れません。夢の第2段階になると、他の道を捨てはじめます。

ことば

- 確かめる(하1타) : 확인하다, 분명히 하다
- 姿勢 : 자세
- 自覚 : 자각
- 漠然と : 막연히
- 区別がつく : 구별 짓다

つまり夢の第２段階は、母親をがっかりさせる段階なのです。

3

そして、いよいよ、夢の第３段階。この段階で、一生の仕事にしようと決心するわけです。夢の第２段階と夢の第３段階は、どこが違うでしょう。たとえば君が一本のものすごくおもしろい映画を見たとします。君は興奮する。家に帰ってからもドキドキして眠れない。「映画監督になりたい」「自分もあんな仕事がしたい」そう思うでしょう。その興奮が第２段階ではまだ持続しないのです。しばらくすると、興奮が薄まってくるのです。興奮が持続するようになって初めて夢の第３段階なのです。夢の第２段階から夢の第３段階に入るには、連続パンチを浴びる必要があります。

夢の第３段階へはまっすぐには進みません。曲がりくねって進むのです。それはこういうことです。すごくおもしろい映画を見ると、「こんな仕事をやりたい」と思う。続けてまた面白い映画を見ると、今度はこう考えるのです。「ダメだ。もう僕がやることは残っていない」と、思うのです。全部やられた。今更僕がつくる部分は何も残っていない。また三本目を見る。チクショー。面白い。「やっぱり、やりたい」四本目を観る。ダメだ。

ことば

- がっかりする：실망하다
- 興奮：흥분
- 薄まる(5자)：엷어지다, 묽어지다
- 持続：지속
- 連続パンチを浴びる：연속 펀치를 맞다
- 今更：새삼, 이제 와서

こんな面白い映画を越えることは、もはや誰にも不可能だ。此映画をまねはできても、乗り越えることはできない。五本目。まねでもなんでもいいから、やりたい。この繰り返しです。曲がりくねりながら決心が固まって行くのです。決心を固めるには曲がりくねることが必要なのです。

夢の第３段階を決定するのは、さまざまな出会いです。出会いは一つではありません。映画、であることもあります。本、であることもあります。人、であることもあります。音楽、であることもあります。旅、であることもあります。事件、であることもあります。さまざまな出会いが重なりあって、導かれて行くのです。

ことば

- 乗り越える(하1자) : 극복하다, 뛰어넘다
- 導く(5타) : 인도하다, 이끌다, 유도하다

문형 이해

1 **~に限らない** : 반드시~만이 아니라 그 밖에도 있다, 꼭 ~에 국한 된 것은 아니다. 보통 **'決して(絶対) ~に限らない'**의 형태로 쓰인다.

❶ 生活が大変なのは君に限らない。

생활이 힘든 것은 너만이 아니야.

❷ 彼が人の意見に耳を傾けないのは今日に限ったことではない。

그가 다른 사람의 의견에 귀를 기울이지 않는 것은 오늘만의 일이 아니다.

❸ 金持ちが誰でも幸せとは限らない。

부자가 모두 행복하다고는 할 수 없다.

2 **ぴんとくる** : 상대의 태도나 분위기로 사정을 직감적으로 깨닫다, 자신의 기분이나 감각에 딱 맞다

❶ 彼女の暗い顔から会議の結果がどうであったか、ぴんと来た。

그녀의 어두운 얼굴을 보고 회의 결과가 어땠는지 딱 감이 왔다.

❷ 彼は状況について述べるが、結局わけのわからない説明でピント来ない。

그는 상황에 대해 말하지만 결국 중언부언하는 설명으로 뭐가 뭔지 잘 모르겠다.

❸ 店員のすすめにもかかわらず、あの品物はいま一つぴんと来なかった。

점원의 추천에도 불구하고 그 물건은 어쩐지 썩 마음에 들지 않았다.

3 ～て しょうがない：'～해서 어쩔 수 없다'

감정이나 감각을 나타내는 형용사(**悲しい**、**嬉しい**、**寂しい** 等), 또는 심리나 생리 상태를 나타내는 동사(**疲れる**、**腹が立つ**、**のどが渇く** 等)에 붙어 그 정도가 심한 상태를 강조한다.

≒ **～て しかたがない**、**～て たまらない**、**～て かなわない**

❶ もう彼のことは言わないでくれ。名前を聞くだけでも腹が立ってきてしょうがない。
더 이상 그 사람 얘기는 하지 말아줘. 이름만 들어도 화가 치밀어 올라 못참겠어.

❷ 時々国に帰りたくてたまらなくなりことがある。
때때로 고향에 돌아가고 싶은 마음에 어쩔 바를 모를 때가 있다.

❸ 刺激のない田舎暮しは単調でしかたがない。
자극이 없는 시골 생활은 단조롭기 이를데 없다.

❹ うちの母親は僕の顔を見ると、いつも「勉強、勉強」とうるさくてかなわない。
나와 마주치면 늘 공부하라는 우리 엄마 잔소리에 견딜 수가 없다.

4 それとも：그렇지 않으면, 아니면. 양자택일의 경우에 쓰인다.

≒「**Aか、それともB**」「**Aか、あるいはBか**」「**Aか、またはBか**」

❶ バスで帰ろうか、それとも歩いて帰ろうか？
버스 타고 갈까, 아니면 걸어갈까?

❷ 中華料理にするの、それとも和食にするの。
중국 요리로 할래, 일식으로 할래.

❸ もう一度生まれ変われるなら、どちらになりたい？女、それとも男？
다시 태어날 수 있다면 여자가 될래, 아니면 남자가 될래?

14.「見える」ことの落とし穴

清水邦夫

トプカプ宮殿[1)]の秘宝展を見たいと思っていたが、なかなか時間がとれなくて会場へ足を運ぶことができない。そんな時、テレビの「日曜美術館」で「イスラムの華・トプカプ宮殿秘宝展から」と題して放送されるのを知って、チャンネルを回した。

イスラム文化についての専門家が二人も解説につき、**至れり尽くせり**の紹介であった。カメラアングルもていねいであり、クローズアップも当を得たものであった。混雑が予想される会場へ直接行くより、もしかしたらきちんと鑑賞できたのではないか。

ことば

- 落とし穴：함정, 허방다리
- 宮殿：궁전
- 秘宝展：숨은 보물 전시회, 비보전
- 足を運ぶ：발을 옮기다, 발걸음하다
- 華：가장 돋보이는 것, 꽃, 정수, 진수
- 題する：제목을 붙이다
- 放送する：방송하다
- チャンネルを回す：채널을 돌리다
- 至れり尽くせり：극진함, 더할 나위없음
- 当を得る：타당하다, 적절하다
- 混雑：혼잡
- 鑑賞：감상

1) トプカプ宮殿(Topkapi Sarayi)：トルコのイスタンブールにある宮殿。国立博物館になっていてイスラム教国の多数の文化財が保管されている。トプカピ宮殿ともいう。

しかし、その時**ふと**思った。「こういうことが、これからもっともっと増えていくのではないだろうか」

こういうこととは、直接会場**なり**現場**なり**に行かないことである。すでに野球やラグビーがそうだ。ぼく個人について言えば、球場へは数回足を運んだことがあるけれども、ラグビーの試合はまだ直接見たことはない。全部テレビの中継で堪能してきた。「そんなのは堪能したとは言えない。やはり現場へ行かなくちゃ。臨場感が全く違う」と、よく言われる。**おそらく**そうだろうと思う。しかし内心では、テレビの中継だってまんざらじゃないよ[2)]とつぶやいている。カメラがうまい具合いに試合を切り取ってくれるし、ポイントポイントをクローズアップしてくれる。ある意味では現場へ行くより、〝よく見える〟ことだってあるのだ。

「日曜美術館」にしても、美術愛好者たちは、「現場を見ない鑑賞なんて、鑑賞とは言えないよ」と、切り捨てるかもしれないが、先に述べたように当を得たクローズアップなどがあり、これも現場で見るよりもっと〝よく見えたりする〟のだ。

ことば

- 増える(하1자) : 늘다, 불어나다, 증가하다
- 中継 : 중계
- 堪能 : 충분히 만족함
- 臨場感 : 임장감, 현장감
- おそらく : 아마도
- まんざらじゃない : 반드시 나쁜 것만도 아니다
- つぶやく(5자타) : 중얼거리다, 투덜거리다
- 具合い : 형편, 사정
- 切り取る(5타) : 잘라내다, 일부를 떼어내다, 빼앗다
- 現場 : 현장
- 切り捨てる(하1타) : (필요없는 부분을)잘라버리다, 무시하다
- 肉眼 : 육안
- 反論する : 반론하다

---

2) まんざらじゃない : 必ずしも悪くない。

カメラを通したものはニセモノであり、肉眼で見たものがホンモノなのだ、という論はまっとうであり、それはそれで反論する気はないけれども、テレビの機能がこれだけよくなり、これだけ便利になってくると、ニセモノだっていいや、ホンモノとニセモノにいったいどれだけの差があるのだ、とうそぶきたい気分になることも正直言ってしばしばある。

ただ肝心なのは、「見える」ものに対してそれなりの警戒心を働かすことである。われわれは「読む」ということには、けっこう警戒心を持つ。別の言い方をするならば、想像力を働かせながら読み、時には疑う能力を発揮したりする。ところが、「見える」ものには、われわれは**からきし**弱いのである。すぐに信じてしまう癖がある。

いちばん危険なのはテレビのニュース、特にニュースショー[3]のニュースだ。アナウンサーが原稿を読んでいるうちはいいが、リポーターがマイクを持って現場へ駆け付ける映像を見たとたん、すっと警戒心を失ってしまい、リポーターのことばをやみくもに信じてしまう。カメラの選択が正しいかどうか疑うこともすっかり忘れ、まさに現場の「真実」を

ことば

- ニセモノ：가짜 물건, 위조품
- ホンモノ：진짜 물건, 진품
- うそぶく(5자)：시치미를 떼다, 모르는체 딴전을 부리다, 큰소리치다
- 正直：정직
- しばしば：度々、幾度も。자주, 여러 차례
- 肝心：중요함, 요긴함
- 警戒心：경계심
- 働かす(5타)：=働かせる。일을 시키다, 움직이다, 작용시키다, 활용하다
- 疑う(5타)：의심하다, 혐의를 두다
- 発揮：발휘
- からきし：=全く、まるっきり、からきり。(부정의 말이 따름) 도무지,전혀, 아주
- 癖：습관
- 原稿：원고
- 駆け付ける(하1자)：急いでその場所に着く。부랴부랴(급히)가다
- 映像：영상
- やみくもに：=前後の思慮のないさま、むやみに、やたらに。닥치는대로, 마구, 맹목적으로
- 選択：선택

3) ニュースショー：現場中継、取材報告や関係者の談話などを交えて構成した報道番組。

のぞいた気分になる。ここに「見える」ことの落とし穴がある。

以前、旅番組について書いたことがあるが、角度を変えて言えば、あれは「見える」ことを最大限利用した番組で、視聴者をつい、″現場へ行ったような気分″にさせてしまうのである。グルメ[4]番組も同様で、活字ではなかなかそうはいかないけれどもテレビではいとも簡単に、そして恐ろしいことについ″食べた気分″にさせるのだ。

テレビは、こういった「見える」ことを最大の武器にしたあやういジャンルなのだ。こうあやういところを愛し、また油断せずにつきあっていくならば、今後テレビはその不思議な能力をますます増殖させていくだろう。

ことば

- のぞく(5타)：들여다보다, 엿보다
- 番組：프로그램
- 角度：각도
- 最大限：최대한
- 視聴者：시청자
- グルメ(프gourmet)：食べ物の味や、作り方に詳しい人。미식가, 식도락
- 活字：활자
- いとも：매우, 아주, 대단히, 지극히
- 恐ろしい：무섭다, 두렵다
- 油断：방심, 부주의
- 増殖：증식

4) グルメ：食べ物の味や、作り方に詳しい人。

문형 이해

1 至れり尽くせり : 극진함, 더할 나위 없음, 빈틈없이

❶ 私は向こうで至れり尽くせりのサービスをしてもらった。

나는 그곳에서 극진한 서비스를 받았다.

❷ 至れり尽くせりの歓迎に、感激してしまう。

더할 나위 없는 환영에 감격해 버리다.

❸ 大統領主催の晩餐会は至れり尽くせりのもてなしであった。

대통령 주최 만찬회는 빈틈없는 접대였다.

2 ふと : 문득, 불현듯, 느닷없이(＝思いがけなく)

특별한 이유나 목적도 없이 떠오른 생각이나 계기로 무언가를 하는 모습을 나타낸다.

❶ 人は死んでしまうとどうなるのだろうなどと妙なことをふと考えた。

사람은 죽어 버리면 어떻게 될까 등등, 뜬금없는 생각이 문득 떠올랐다.

❷ ふと思いついて近所の本屋に寄ってみることにした。

갑자기 생각이 나서 근처 책방에 들러보기로 했다.

❸ 彼は映画の広告を見つけて、ふと立ち止まった。

그는 영화 광고를 발견하고 불현듯 멈춰 섰다.

3 ～なり、～なり：～든지～든지,～거나～거나

기본적으로는 같은 그룹에 속한 두 가지를 거론하고 그 중 하나를 선택하는 의미이지만 그 이외의 가능성도 있음을 포함하는 표현이다.

❶ 東京なりソウルなり、好きなところで生活すればいい。

동경이든 서울이든 좋은 곳에서 생활하면 된다.

❷ 辞書を引くなり、人に聞くなりして調べておくべきである。

사전을 찾거나 남에게 묻거나 해서 조사해 두어야만 한다.

❸ 叱るなり誉めるなり、はっきりした態度をとらなければだめです。

야단치든지 칭찬하든지간에 확실한 태도를 취하지 않으면 안됩니다.

「～とか～とか」역시 예시를 나타내는 문형이지만 선택의 의미에는 사용할 수 없다.

お茶なり(×とか)コーヒーなり(×とか)、好きなものをどうぞ。

차나 커피나 좋아하는 것을 드세요.

4 おそらく：아마도, 필시, 어쩌면.(＝きっと、たぶん)

보통 「～だろう」「～にちがいない」등의 추측표현을 동반하며 거의 확실하다고 판단할 경우에 사용된다.

❶ おそらく彼はそのことを知っているだろう。

아마도 그는 그 일을 알고 있을 것이다.

❷ 神経痛の膝がいたいから、明日はおそらく雨でしょう。

신경통인 무릎이 아픈 걸 보니 내일은 아마도 비가 오겠네.

❸ 彼はおそらく来ないだろう。

그는 어쩌면 오지 않을 것 같아.

5 からきし : 도무지, 전혀, 아주(＝まったく、まるっきり)

뒤에 부정이나 부정 표현을 동반하여 '전혀~이지않다'는 표현을 강조한다. 주로 사람의 성격이나 성향, 모습을 형용하는 경우에 사용된다.

❶ おれ、水泳(すいえい)はからきしだめなんだ。

나는 수영은 영 할 줄 몰라.

❷ この頃(ごろ)はからきし元気(げんき)がない。

요즈음은 도무지 기운이 없다.

❸ 彼(かれ)はからきしお酒(さけ)はだめで、ビール一杯(いっぱい)も飲(の)めない。

그는 전혀 술은 할 줄을 몰라서 맥주 한잔도 못마신다.

MEMO

15. お金の奴隷

武者小路実篤

1

金銭についてもう少し書いておきたい。

金銭は元来物々交換のために人間が発明したものと思う。もちろん、僕は学者でないから、経済の問題をここで説こうとはおもわない。人間の欲望と金銭の関係をちょっと書いておきたいのだ。

僕たちが仕事をするのは金かねをとるための場合が多い。金がとりたいから仕事をする人はいくらでもあるだろう。金をとるためでなければ書かないものも金をとるためには書く。金をとるためでなければ雇われたくないものが雇われる。働きたくなくても働く。詐欺の

ことば

- 金銭：금전
- 元来：원래
- 物々交換：물물교환
- 発明：발명
- 学者：학자
- 説く(5타)：설명하다, 설득하다
- 雇う(5타)：고용하다, 부리다
- 詐欺：사기

ようなことをする人もある。朝から晩まで金をとることを考えている人もある。金のためには人殺しをする者もあり、貞操を売る者もあり、時間を売り、思想を売る人もある。

2

その金を取る理由は、大部分家族の生活のためである。家族の生活のために主人が働くのは当然のことである。ただ正しい仕事で金がとれないことを残念に思うが、国家で許している仕事で家族の生活のために必要な金のために、働くということは、今の世では当然なことである。そして多くの人はなかなか家族を健康に養うだけの金をとることも困難なので、それらの人が金にガツガツするのは当然すぎる。それは生活のために働くのだ。健康のために働くのだ。第一の条件のために働くので、正しい以上、必要なことだ。

ただ気になることは、一人の人間があまりに機械になってしまって、それ以上のものになれない点だ。金をとるだけが、一生の仕事の人が多すぎて、それもあまりおもしろくない仕事をする人が多い。その結果、人間が生きてたり、働いたりするのは金をとるため

ことば

- 人殺し：살인, 또는 살인자
- 貞操：정조
- 思想：사상
- 当然：당연
- 許す(5타)：용서하다, 허락하다
- 養う(5타)：양육하다, 기르다, 부양하다
- 困難：곤란
- ガツガツ：(마음의 여유 없이 몹시 욕심을 부리는 모양)바득바득, 걸근걸근
- 機械：기계

だという誤解を招きやすい点だ。その結果、金さえとれればいいということになる。その結果、金を取ったり、金をもうけたりする仕事はどんな仕事でもいい、つまり楽しく金のもうかる仕事をするものが利口だということになる。その結果、百姓の仕事なぞ一番ばかげた仕事になり、相場師とか、贅沢品を扱う者とか、人間の病的欲望を刺激するとか、その他、いろいろ人間の欲望を悪く利用する者が出てくる。元来人間は完全にできていないので、病的になりやすくできている。それをうまく利用して金もうけをする人ができる。また一方、食べないで困る人の弱点をつかんで、少しでももうけを多くするために、過度の労働をさせる人もでてくる。金はいくらもうけても困るということのないものだから、人間の欲望は無限に発達し、またその欲望をうまく利用するものが出てきて、人間をますます病的にして、人間の本来の欲望の健康さを忘れます。

ことば

- もうかる(5자)：벌이가 되다, 덕을 보다, 벌리다
- 利口：영리함, 똑똑함
- 百姓：농부
- 馬鹿げる(하1자)：시시하게 여겨지다, 바보스럽게 느껴지다
- 相場師：투기꾼
- 贅沢品：사치품
- 扱う(5타)：다루다, 취급하다
- 病的：병적
- 刺激する：자극하다
- 完全に：완전히
- 弱点：약점
- つかむ(5타)：움켜쥐다, 붙잡다
- 過度：과도
- 労働：노동
- 無限：무한

3

人間の目は美を好めば、健康に必要な着物以上に、人間の極度の好み**に応じた**着物をつくり、着るためより見せるための着物を考え出す。それを美しい人が着るならまだわかるが、その着物と**およそ**不釣り合いな婆さんたちも着るということになる。また男も自分が着たってだれも顧ないような格好の**くせして**、金持ちだということを証明して、金で動く人々に感心してもらおうとしたりする。僕は人間の着物の色彩の美しいことを好むのだが、しかし金をかけることが自慢になるのはばかげている以上、みっともないとおもう。しかしそういう点でも人間はきりがないのだ。このきりのないということは**よしあし**である。健康のために着物を着るのなら、必要の程度は決っている。しかし趣味とか、好みとか、それもまだいいとして金のかかっていることを競争するようになったら、限りがない。またそういう着物を作るために一生を費やす人も出てくる。

僕は役者とか、特別に美しさをもって一般の人を喜ばす資格のあるものには、特に美しい着物を着る特権を国家で与えてもいいとおもう。しかし普通の人があまり贅沢な

ことば

- 好む(5타) : 즐기다, 좋아하다
- 極度 : 극도
- 応じる : 응하다, 승낙하다, 대답하다
- 不釣り合い : 어울리지 않음, 걸맞지 않음
- 顧る(상1타) : 돌이켜보다, 반성하다
- 格好 : 꼴, 모습
- 証明 : 증명
- 感心 : 감탄함, 놀람
- 色彩 : 색채
- みっともない : 꼴불견이다, 보기 싫다
- きりがない : 한이 없다
- よしあし : 좋고 나쁨
- 競争 : 경쟁
- 費やす(5타) : 소비하다, 탕진하다
- 役者 : 배우
- 喜ばす(5타) : 기쁘게 하다
- 権利 : 권리
- 特権 : 특권

風をするのは誉めたことではないとおもう。金がありすぎるということは、その人の利己的な人間であることを示すのだから、あまり自慢にはならないし、他人にまた反感を起こさせることで、いいことだとは言えない。しかしそれは着物ばかりではない。

4

贅沢をしだしたらきりはないのだ。食物だって健康に必要な程度なら人間の食える量も質もそうたいしたものではない。しかし人間に与えられた味覚を病的に発達させて、美味に飽くことを知らない人間になれば、いくらでも贅沢な食物を考えだし、我らの想像ができない贅沢な食事も人間は作り出すことができるのだ。健康第一で進むことが僕には自然とおもえ、また人間の肉体や精神のためにもそれがいいのだとおもう。

こういう贅沢はしたくない者にとってはべつに反感を持つほどのことでもなく、むしろ滑稽であったり、珍しかったり、話の種としておもしろいとおもうが、しかし一方、十分に飯さえ食えない者があるのだから、そういう話は反感や不平を起こさせやすいし、それ以上、金というものの魅力を増す力を持っている。

ことば

- 利己的：이기적
- 食物：음식물
- 味覚：미각
- 美味：좋은 맛
- 飽く(5자)：만족하다, 싫증나다, 질리다, 물리다
- 滑稽：우스꽝스러움, 해학, 익살
- 不平：불평
- 魅力：매력
- 増す(5자)：많아지다, 붇다, 불어나다, 늘다

金がほしい、金持ちになりたい、金さえあればどんなことでもできる。これが現世であり、人間を病的にする大きな原因になっているのだとおもう。性的の欲望なぞは人間は実に強いのだから、美しい芸者なぞを見て、金があればと思う人は少なくないとは言える。かくて、人々は金、金、金になり、金となることだけに頭が向いて、その結果、金ができた人はまだいいとして、金のできない多くの人は、不幸な恵まれない一生を終わることになる。

5

また金をもうけた人は人で、無限に金がほしくなるので、飽くことを知らないし、金を使って贅沢な生活をしたり、享楽的な生活をしたりしても、それは人間の本来の生命に忠実になったのではないから、ますます心のうちが空虚になり、大事なことを忘れた生活になり、健康な喜びや安心を得られなくなり、金に媚びる人々の虚偽のお世辞にとりまかれ、人間としての値打ちはますます下落してゆくことになるのだ。

ことば

- 現世 : 현세
- 芸者 : 기생
- 享楽的 : 향락적
- 忠実 : 충실
- 空虚 : 공허
- 媚びる(상1자) : 아양 떨다, 교태를 부리다, 아첨하다
- 虚偽 : 허위
- お世辞 : 아첨말, 입에 발린 말
- とりまく(5타) : 둘러싸다, 에워싸다, 포위하다
- 値打ち : 값어치
- 下落 : 하락

ただ金があっても、その金をますますよく生かし、人間のためになる事業をしてゆくよき事業家ならば、金があることは**いちがいに**悪いとはいえ**ない**。

金をもうけたくてしかたがないのに、頭や心がけが悪くて貧乏な人もほめる**わけにはゆかない**。大事なのは人間として立派な生活を送ることで、金の有無ではない。金の有無をもし問題とすればむしろ僕は清貧の人をほめる。また質素な生活をする人に好意を持つ。しかし貧でいじける人よりは、富んでも積極的に何か人間の喜びになり、国民の生活のために働く人を賞美する。一番いけないのはプラスのない人である。マイナスはないが、プラスもない人間よりは欠点はあっても、長所のある人の方がまだましだ。害のある方は制裁できるが、いい方のない人は、いいところを引っ張り出すことは困難だから。

人類はまた長所をとって、短所を捨てることが名人である。しかし金というものは魔物であることは確かだ。その奴隷にならないことが大事である。

ことば

- 生かす(5타)：살리다
- 事業：사업
- 貧乏：가난, 궁핍
- 清貧：청빈
- 質素：검소함
- 好意：호의
- 貧：가난
- いじける(하1자)：움츠러들다, 위축되다, 주눅 들다
- 富む(5자)：부자가 되다, 넉넉해지다
- 賞美：맛을 즐김, 감상함
- 欠点：결점
- 長所：장점
- 制裁：제재
- 引っ張り出す：끌어내다
- 短所：단점
- 魔物：요물, 요괴, 마물
- 奴隷：노예

문형 이해

1 ～に応(おう)じて : ～에 따라, ～에 응하여.

'상황 변화나 다양성에 맞추어'라는 의미를 갖는다. 명사를 수식할 때는 「～に応(おう)じた＋명사」의 형태가 된다.

❶ 状況(じょうきょう)に応(おう)じて戦法(せんぽう)を変(か)えなければならない。

상황에 따라 전법을 바꾸어야만 한다.

❷ 物価(ぶっか)の変動(へんどう)に応(おう)じて給料(きゅうりょう)を上(あ)げる。

물가 변동에 따라 급료를 인상한다.

❸ 気候(きこう)や風土(ふうど)に応(おう)じた食文化(しょくぶんか)が育(そだ)つ。

기후나 풍토에 따른 식문화가 자란다.

✿ 「～に応(おう)じて」와 비슷한 문형으로는 「～に応(こた)(答(こた))えて」가 있다. 단 「～に応(おう)じて」는 대응이나 적응을 의미하는 데에 비해, 「～に応(こた)えて」는 '기대, 요청, 성원, 은혜에 보답하다'라는 의미로 사용된다.

① 健康(けんこう)のためには体力(たいりょく)に応(おう)じた(×応(こた)えた)運動(うんどう)をすることが大切(たいせつ)です。

건강을 위해서는 체력에 맞는 운동을 하는 것이 중요하다.

② 地元(じもと)の声援(せいえん)に応(こた)えて(×応(おう)じて)そのA高校(こうこう)の野球(やきゅう)チームは、ついに甲子園(こうしえん)出場(しゅつじょう)を果(は)たした。

자기 고장의 성원에 보답하여 그 A고교 야구팀은 드디어 고시엔 출장을 이루었다.

❀ '외부로부터의 요구에 호응하여 이쪽도 행동에 들어가다'의 의미일 경우는 「~に応じて」「~に応(答)えて」양쪽 모두 사용 가능하다.

① 国連からの要請に(○応じて/ ○応えて)、政府は救援チームを派遣することにした。
유엔의 요청에 응하여 정부는 구원 팀을 파견하기로 하였다.

② ご予算に(○応じて / ○応えて)ご予約できますので、遠慮なくお申し付けください。
예산에 따라 예약할 수 있으므로 주저하지 마시고 신청해주세요.

2 およそ : 대략, 대충(명사), 대체로, 일반적으로(부사)

❶ 私の学校には学生がおよそ1,000人います。
우리 학교에는 학생이 대략 천 명 있습니다.

❷ およそ外国語の学習には努力ほど大切なものはありません。
대체로 외국어 학습에는 노력만큼 중요한 건 없습니다.

❀ 「およそ」뒤에 부정이나 부정적인 말이 뒤따를 때는 「まったく」와 같이 '도무지, 전혀'라는 의미를 갖는다.

① 彼はそういう方面にはおよそ能力のない男です。
그는 그런 방면에는 전혀 능력이 없는 남자입니다.

② 何度聞いてもばかばかしい話です。
몇 번 들어도 도무지 터무니없는 이야기입니다.

3 ~くせして : ~이면서, ~인 주제에

❶ 分かってもいないくせして、分かったような口を利くな。
알지도 못하는 주제에 아는 듯이 말하지 마라.

❷ 彼は自分ではできないくせに、いつも人のやり方に文句ばかり言う。
그는 자신은 하지도 못하면서 늘 다른 사람의 방법에 불평만 말한다.

❸ あの選手(せんしゅ)は体(からだ)が大(おお)きいくせして、まったく力(ちから)がない。

그 선수는 몸집은 큰 주제에 전혀 힘이 없다.

「~くせして(くせに)」와 비슷한 문형으로「~のに」와 「~にもかかわらず」가 있는데 이들 쓰임의 차이는 다음과 같다. 즉, 「~くせして(くせに)」는 비난, 경멸, 반발의 감정을 강하게 나타내는데 비해 「~のに」는 실망, 유감, 불안 등의 감정을 강조한다. 한편 「~にもかかわらず」는 보다 객관적인 판단에 의한 표현이라고 할 수 있다.

あいつは金持(かねも)ち**のくせに**けちだ。

저 녀석은 부자인 주제에 구두쇠이다.(비난, 경멸)

あいつは金持(かねも)ちな**のに**けちだ。

저 녀석은 부자이면서 구두쇠이다. (실망, 유감)

あいつは金持(かねも)ち **にもかかわらず**けちだ。

저 녀석은 부자임에도 불구하고 구두쇠이다.(객관적 판단)

4 よしあしだ(である) : (좋은 면도 있고 나쁜 면도 있어) 한마디로 단정할 수 없다, 쉽사리 판단할 수 없다.

❶ 正直過(しょうじきす)ぎるのもよしあしだ。

지나치게 정직한 것도 좋다고만은 할 수 없다.

❷ そんなことを持(も)ち出(だ)すのも病人(びょうにん)のためによしあしだと考(かんが)えている。

그런 말을 꺼내는 것도 환자를 위해서는 어떨지 생각하고 있다.

❸ 金持(かねも)ちなのもよしあしである。

부자인 것도 한마디로 좋다고만은 할 수 없다.

5 いちがいに～ない : 무조건(통틀어)~건 아니다.

후술에 「できない、言えない」등, 가능성을 부정하는 표현을 수반하여 '단순히~라고 할 수는 없다'라는 의미로서 다른 조건이나 상황을 고려할 필요가 있음을 나타낸다.

❶ いちがいに有機野菜が安全だとは言えない。

무조건 유기농 야채가 안전하다고는 말할 수 없다.

❷ 自分の意見をいちがいにみんなに押し付けることはできない。

자신의 의견을 무조건 모두에게 강요할 수는 없다.

❸ 値段の高いものがいちがいに品がいいとは言えない。

가격이 비싼 것이 통틀어서 품질이 좋다고는 할 수 없다.

6 ～わけにはい(ゆ)かない : ~할 수(는) 없다.

무언가 주위 사정으로 인해 '(어쩔 수 없이)~할 수 없다'는 의미를 나타내는 문형이다.

❶ 風邪気味でちょっと熱があるが、今日は大事な会議があるので会社を休むわけにはいかない。

감기기운으로 조금 열이 있지만 오늘은 중요한 회의가 있어서 회사를 쉴 수는 없다.

❷ 今日は車で来ているのでお酒を飲むわけにはいきません。

오늘은 차로 왔기 때문에 술을 마실 수 없습니다.

❸ この格好で古里へ帰るわけにはいかない。

이런 꼴로 고향에 돌아갈 수는 없다.

❁ 「동사ない형+わけにはい(ゆ)かない」는 '～하지 않을 수 없다'의 의미로서 「～しなければならない」혹은「～ざるをえない」와 마찬가지로 의무나 필연을 나타낸다.

① お医者(いしゃ)さんの指示(しじ)に従(したが)って、今日(きょう)は会社(かいしゃ)を休(やす)まないわけにはいかない。

의사 선생님의 지시에 따라 오늘은 회사를 쉬지 않을 수 없다.

② 久(ひさ)しぶりに会(あ)ったんだから、いっぱい飲(の)まないわけにはいかないよ。

오랜만에 만났으니 한잔 안 마실 수 없지.

문형으로 익히는
일본어 원서 독해

문형으로 익히는
일본어 원서 독해

16. そこが知りたい

1. なぜ、茶道では茶碗をまわす？

茶道では茶碗を手にとると、二回と少しまわしてから飲む。そもそも茶の湯とは、お茶の味だけを楽しむものではない。主催者である亭主の趣向や道具の取り合わせなどを総合的に楽しむイベントといえる。茶碗をまわすのにも、その茶碗を「味わう」という意味がある。茶碗の模様や作りをしっかり見ることが、その茶碗を用意した亭主への礼儀になると言うわけだ。

そして模様やへこみのある正面を自分に向けるのを避けて飲む。これは亭主への謙遜の気持ちを表している。茶碗を見るなら、一回まわすだけでよさそうなものだが、二

ことば

- 茶道：다도
- 茶碗：찻잔
- 回す(5타)：돌리다, 회전시키다
- そもそも：처음, 무릇
- 茶の湯：다도, 다도의 예의범절
- 主催者：주최자
- 亭主：주인
- 趣向：취향
- 取り合わせ：구색, 배합
- 総合的：종합적
- イベント：이벤트
- 味わう(5타)：맛보다, 체험하다
- 模様：모양
- しっかり：단단히, 똑똑히, 착실히
- 用意：준비
- 礼儀：예의
- へこみ：움푹 팬 곳
- 正面：정면
- 向ける(하1타)：향하게 하다, 돌리다
- 謙遜：겸손

回まわすほうが、よりていねいで心の余裕(よゆう)をあらわすことになるそうだ。

2. 日本ではなぜ握手(あくしゅ)が広(ひろ)まらなかったか？

日本人は欧米(おうべい)の習慣(しゅうかん)をどんどん受け入れてきたが、挨拶(あいさつ)だけは別(べつ)。なぜ、握手(あくしゅ)は定着(ていちゃく)しなかったのだろうか。心理学者(しんりがくしゃ)によると、日本人**にとって**身体的(しんたいてき)な接触(せっしょく)をともなう挨拶(あいさつ)は感覚的(かんかくてき)になじまないという。身体的(しんたいてき)な接触(せっしょく)は無防備(むぼうび)な自分を見せあうコミュニケーション手段(しゅだん)になり、その意味で握手はお互(たが)いの心をひらくためのいい挨拶法(あいさつほう)といえる。

しかし日本人は自分の気持ちを相手にストレートに伝(つた)えることを面映(おもは)ゆく思う国民(こくみん)。初対面(しょたいめん)ではなかなかオープンになれず、つきあううちに徐々(じょじょ)に距離(きょり)を縮(ちぢ)めながらコミュニケーションをすすめていく。そういう日本人には距離(きょり)をとって頭を下げあう、お辞儀(じぎ)のほうがぴったりなのだという。

ことば

- ていねい：정중함, 공손함
- 余裕(よゆう)：여유
- 握手(あくしゅ)：악수
- 広(ひろ)まる(5자)：넓어지다, 널리 퍼지다
- 欧米(おうべい)：구미
- どんどん：(순조롭게 나아가는 모양)척척, 잇따라
- 受(う)け入(い)れる(하1타)：받아들이다, 들어주다
- 挨拶(あいさつ)：인사
- 別(べつ)：별개
- 接触(せっしょく)：접촉
- ともなう(5자타)：동반하다, 걸맞다, 따르다
- なじむ(5자)：친숙해지다, 익숙해지다
- 無防備(むぼうび)：무방비
- 面映(おもは)ゆい：낯간지럽다, 부끄럽다
- 初対面(しょたいめん)：첫 대면
- 徐々(じょじょ)に：서서히
- 距離(きょり)：거리
- 縮(ちぢ)める(하1타)：줄이다, 축소하다
- すすめる(하1타)：진전시키다, 진행시키다, 북돋우다
- お辞儀(じぎ)：절
- ぴったり：딱 알맞음

3. 花嫁はなぜ白無垢の着物を着るのか。

本来、不浄の身である新婦は、神に近づくためにふさわしい衣装を身につけなければならない。それが、あの白無垢の花嫁衣装だ。その後、新婦はお色直し[1)]を行い、色付きの衣装に着替えるわけだが、これは神に仕えた新婦が、人間の女として戻ってきたことを意味する。だから、お色直しを行うのは、本来一回のはずで、それ以上は意味のないことになる。

なお、白を着るのは、白はどんな色にも染まる色だから、結婚した相手の家風に染まるためという説もある。そして、その後、お色直しをするのは、何も染まっていない状態から、式を経て嫁ぎ先の家風に染まったというが、この説は後付けの解釈のようである。

4. なぜ、日本女性には八重歯が多い？

日本女性には、外国に比べて八重歯の人が多い。なぜだろうか。小学生になると、乳歯が抜け落ちて永久歯に生え変わる。特に、女の子は、男の子よりも生え変わるのが早いため、未発達な小さなあごに永久歯が生えてくる。そのため、小さな口

ことば

- 花嫁 : 신부 =新婦 ↔ 花婿, 新郎
- 白無垢 : 겉옷, 속옷이 모두 흰옷 차림
- 不浄 : 부정, 더러움 ↔清浄
- お色直し : 신부가 혼례복을 벗고 다른 옷으로 갈아입음
- 仕える(하1자) : 섬기다, 모시다, 시중들다
- 染まる(5자) : 물들다, 염색되다
- 嫁ぎ先 : 시집간 집, 시집
- 八重歯 : 덧니
- 乳歯 : 유치
- 抜け落ちる(상1자) : 빠지다, 누락되다
- 永久歯 : 영구치

---

1) お色直し：結婚式の後、披露宴で新婦が別の衣服に着替えること。신부가 다른 옷으로 갈아입는 일.

の中で、歯が押合い圧合い[2]状態になって、歯列からはみ出す歯が出てくる。これが歯並びが悪くなる原因だ。

なかでも後から生えてくる犬歯、いわゆる糸切歯は分が悪い。すでに歯列のスペースが埋められているものだから、横にはじき出されるしかないのだ。その結果、八重歯になるというわけだ。特に、日本人女性に八重歯が目立つのは、欧米人に比べてあごの骨が小さいためだ。

5. 女性に冷え性が多いのは？

冷え性にはさまざまな原因がある。カロリー不足、鉄欠乏性貧血、甲状腺機能低下症から、心因性によるもの、体質的なものまである。しかし、これらが主要原因なら、男性にも冷え性に悩む人がいてもおかしくない。むろん、冷え性に悩む人は女性のほうが圧倒的に多い。そこで、女性特有の原因を探すと、女性の脂肪の多さに行き当たる。

ことば

- 押し合い圧し合い : 밀고 밀리고, 밀고 당기고
- 歯列 : 치열
- はみ出す(5자) : 비어져 나오다, 불거져 나오다
- 歯並び : 치열=歯並み
- 犬歯 : 송곳니. = 切り歯 ※きば(맹수의 송곳니)
- 分が悪い : 상태(정도)가 나쁘다
- 埋める(하1타) : 묻다, 매장하다, 메우다
- はじき出す(5타) : 밀려나오다, 몰아내다
- 冷え性 : 몸이 냉한 체질
- 鉄欠乏性貧血 : 철분 결핍성 빈혈
- 甲状腺機能低下症 : 갑상선 기능 저하증
- 心因性 : 심인성

---

2) 押合い圧合い : 多くの人たちが込み合って押し合いさま。밀고 밀리고, 밀고 당기고.

女性は脂肪を燃焼させるためのたんぱく質を男性よりも多く必要とする。ところが、たんぱく質をたくさん使い、不足してくると、手足の指先が冷える冷え性の症状が出てくるのだ。事実、たんぱく質の摂取量が多い欧米の女性には、冷え性に悩む人はほとんどいないのだ。最近の若い女の子が冬の寒さにもかかわらず、ミニスカートで外を歩けるのは、食事が欧米化してきた成果ともいわれている。

ことば

- 脂肪 : 지방
- 行き当たる(5자) : (나아가다가)맞닥뜨리다, 봉착하다
- 燃焼 : 연소.
- たんぱく質 : 단백질
- 指先 : 손끝
- 冷える(하1자) : 식다, 차가워지다, 추워지다↔あたたまる
- 症状 : 증상
- 摂取 : 섭취

문형 이해

1 **~てから : ~하고 나서**

'X하고 나서 Y'의 형태로 쓰이는 문형으로 상태나 동작의 연속, 혹은 새로운 상황의 발생을 나타내는 문장이 뒤따른다.

❶ あの事件があってから、彼の性格は変わってしまった。

그 사건이 있고나서 그의 성격은 변해버렸다.

❷ 先にお風呂に入ってから食事にしよう。

먼저 목욕을 하고나서 식사하자.

❸ 宿題を済ましてから遊びに出かけなさい。

숙제를 끝마친 다음 놀러 나가.

✿ ~て以来＝'~てから、ずっと~'의 의미로 계속적인 상태나 동작만을 나타낸다.

卒業して以来、先生にはお目にかかっていません。

✿ ~た後で : 뒤에 부정표현이 올수 없으며 계속적인 상태나 동작을 나타낼 수 없다.

卒業してから(×卒業した後で)、彼には会っていない。

肝臓の病気をしてから(×た後で)、禁酒している。

2 そもそも : 무릇, 대저, 처음

❶ そもそも人間というものは社会的な存在である。

무릇 인간이란 사회적인 존재이다.

❷ この計画はそもそもから多くの問題を抱えていた。

이 계획은 애초부터 많은 문제를 안고있었다.

❸ そもそもこの会の目的は会員同士の親睦にある。

원래 이 모임의 목적은 회원 상호간의 친목에 있다.

3 ~にとって : ~에게 있어서, ~의 입장에서

'~의 입장, 혹은 시점에 서서 말하면'이라는 의미로 정중한 말투로서 「~にとりまして」, 회화체에서는 「~にとっちゃ」도 쓰인다.

❶ それは私にとって、はじめての体験だった。

그것은 내게 있어서 첫 경험이었다.

❷ 不毛な論争にはピリオドを打とう。我々にとって大切なのは、今、何をなすべきかということだ。

쓸데없는 논쟁은 이제 마감하자. 우리에게 있어 중요한 것은 지금 무엇을 해야만 하는가 하는 것이다.

❸ この話は、あなたにとっても私にとっても、悪い話じゃないと思いますがね。

이 이야기는 당신에게도 내게도 나쁜 이야기가 아니라고 생각하는데요.

❁ 「~にしたら / ~にすれば / ~にしてみれば」: 주로 사람이나 의인화할 수 있는 조직(회사, 국가 등)의 입장에서 공감 내지 동정을 나타내는 표현. 주어가 무생물이거나 사태의 객관적인 묘사에는 부적합하다.

それは学問の進歩にとって(×にしてみれば)、大きな貢献だ。

4 ~てくる : ~해오다, ~해지다

이동을 나타내는 동사에 붙어서 '~해오다'의 의미로, 감정을 나타내는 동사에 붙어서는 심리현상의 발생을 뜻한다.

❶ 明日は翻訳のテストをするから、辞書を持ってきてね。

내일은 번역 시험을 볼 것이니 사전을 가져오세요.

❷ 日本語を勉強しているうちに、日本の文化に興味が沸いてきた。

일본어를 공부하는 사이에 일본 문화에 흥미가 생겨났다.

❸ 日も暮れてきたし、今日はこの近くで宿をとらない？

날도 저물어오니 오늘은 이 부근에 숙소를 정하지 않을래?

17. お祝いのことば

藤原審爾

知人の娘さんが、大学の仲間の男と恋愛しました。知人は自動車の総合修理工場をやっており、その関係会社の家の息子に、娘さんを望まれていたものですから、狼狽えてその恋愛に真っ向から反対しました。近頃の娘さんは勇気がありますから、家出をして自分の気持ちを守ろうとしました。

一年ほどのちに、親側が翻意して、二人は結婚しましたが、その披露宴の時のことです。知人は男の子とその娘さんと二人しか子どもがないものですから、ずいぶん豪華な披露宴をホテルでやりました。

ことば

- 知人：지인
- 仲間：동료
- 総合修理工場：종합수리공장
- 望む(5타)：바라다, 희망하다
- 狼狽える(하1자)：당황하다, 갈팡질팡하다
- 真っ向：바로 정면
- 近頃：この頃、最近。요즈음
- 勇気：용기
- 家出：가출
- 翻意：결심을 바꿈
- 披露宴：피로연
- 豪華：호화

さてスピーチが始まり、元大臣だとか知名な財界人などと、**なかなか**達者なスピーチが続きました。例の関係会社の社長も来ていて、自分の息子が彼女にふられてまことに無念だったと笑わせたり、わりとレベルの高い雰囲気でした。

しかし、しょせんは祝辞なのですから、達者な含蓄のある言葉も、洒脱な言い回し方も、美しく飾った言葉も、もう一つ心に響きません。まあ、これは要するに披露宴なのですから、柔らかく温かく新婦新郎の心を包むことが、客の好意というものでしょう。二人に立ち入らないで、二人の自由な印象を作らせるのでしょう。

ところが、そういう祝辞の最後に、司会の人から、M自動車修理工場の方から一言お祝いの言葉を、という指名があって、瞬間ざわめきが起こりました。その工場で新婦は家出後一年半働いていたのです。

工場の連中は、20歳くらいの若者で、隅のほうに二人、背広で腰かけていまし

ことば

- 大臣 : 대신
- 知名 : 이름이 알려짐
- 財界人 : 재계인
- 達者 : (어떤 분야에)숙달되어있는 모양, 능숙한 모양, 야무짐
- ふられる(하1자) : 거절당하다, (이성에게)퇴짜 맞다
- 無念 : 분함, 억울함
- わりと : 비교적, 상당히
- 雰囲気 : 분위기
- しょせん : 결국, 필경, 어차피
- 祝辞 : 축사
- 含蓄 : 함축
- 洒脱 : 수수하고, 소탈함
- 言い回し : 말솜씨, 말주변, 말 표현
- 飾る(5타) : 치장하다, 꾸미다
- 要するに : つまり。요컨대, 결국
- 柔らかい : 부드럽다
- 新婦新郎 : 신랑신부
- 包む(5타) : 싸다, 품다, 감싸다
- 好意 : 호의
- 立ち入る(5자) : 안으로 들어가다, (문제의 핵심에)파고들다,(남의 일에) 개입하다
- 印象 : 인상
- お祝い : 축하
- 指名 : 지명
- ざわめき : 수런거림, 웅성거림
- 連中 : 동료
- 隅 : 구석
- 背広 : 양복
- 腰かける : 앉다

た。華やかな礼服ばかりの中で、二人だけが背広でしたから、気詰りな思いをしていたのでしょう。そこを突然指名されたものですから、二人は慌てて譲り合いました。結局、小柄な若者のほうが、立ち上がりましたが、あがってしまい[1)]、**もじもじして**、さっぱりさまになりません[2)]。つかの間、しかし彼は自分がしなければならぬことを悟ったようになり、しゃんと胸を張った**と思うと**、全身でぶつかっていくような感じの声で、

「加世ちゃん、よかったなあ」

と、叫ぶように言いました。あとで分かったのですが、家出した夜、加世ちゃんは桜上水のほとりで、ぼんやり流れを見下ろしていた時、この若者たちに助けられたそうです。

立ち上がった若者は、汗びっしょりで、もう一声、叫びました。

「遊びに来てくれよな、忘れずにな」

ことば

- 華やかな：화려한
- 礼服：예복
- 気詰り：마음이 쓰여 거북함, 답답함
- 慌てる(하1자)：당황하다, 허둥거리다
- 譲り合う(5타)：서로 양보하다
- 小柄：몸집이 작음
- 立ち上がる(5자)：(자리 등에서)일어나다
- さっぱり：全然、全く。전혀
- つかの間：잠깐 사이, 짧은 시간
- 悟る(5자타)：깨닫다, 알아채다
- しゃんと：(자세가 바른 모양)꼿꼿이, 단정히
- 胸を張る：가슴을 펴다
- 全身：전신
- ぶつかる(5자)：부딪치다, 맞붙다
- 叫ぶ(5자)：외치다, 소리 지르다
- ほとり：근처, 부근
- 見下ろす(5타)：내려다보다, 굽어보다
- 汗びっしょり：흠뻑 땀에 젖다
- 一声：한 소리

1) あがってしまう：흥분해버리다, 상기되어버리다, 긴장해버리다.
2) さまにならない：모양새가 말이 아니다, 제대로 갖추어 있지 않다.

それでどしんと彼は腰かけました。ほとんど同時にものすごい拍手が沸き上がりました。新婦が**泣き出し**、新郎がハンカチを渡しています。こういう言葉を越えた**ところ**で、言葉の美しさは保証されるようですね。

ことば

- どしんと：(묵직한 것이 쓰러지거나 부딪치는 모양) 쿵, 털썩
- 拍手：박수
- 沸き上がる(5자)：끓어 오르다, 터져 나오다
- 泣き出す(5자)：울기 시작하다, 울음을 터뜨리다
- 渡す(5타)：건네다, 넘기다
- 越える(하1자)：넘다, (어떤 기준을)초과하다
- 保証：보증

문형 이해

1 さて : 자, 이제, 그건 그렇고, 그런데, 한편.
화제를 바꾸거나 다음 행동으로 옮기려 할 때 쓰이는 접속사.

❶ さて、そろそろ行こうか。

자, 슬슬 갈까.

❷ 韓国語と語順が同じだからやさしいだろうと思って日本語を勉強することにしたが、さて始めてみると、これがなかなか難しい。

한국어와 어순이 같아서 쉬울거라고 생각하고 일본어를 공부하기로 했지만, 그건 그렇고 시작해보니 이게 꽤 어렵다.

❸ さて、話は変わりますが、…。

한편, 이야기는 바뀝니다만...

2 なかなか : 꽤, 상당히(긍정문)/ 좀처럼(부정문)

❶ A : ここの料理、なかなかだろう？

여기 요리, 꽤 괜찮지?

B : ほんと、おいしいわね。

정말. 맛있네.

❷ この小説、なかなか面白いよ。

이 소설, 상당히 재미있어.

❸ もう時間なのに彼、なかなか来ないね。どうしたんだろう。

벌써 시간이 다 되었는데 그 사람, 좀처럼 안오네. 어떻게 된 거지.

④ 教えられた通りやったにもかかわらず、なかなかうまくできないんです。

배운대로 했음에도 불구하고 좀처럼 잘 되지않습니다.

3 もじもじ : 머뭇머뭇, 주저주저.

수줍어하거나 자신이 없어 행동이나 발언을 망설이는 모양을 나타내는 의태어.

❶ もじもじしないで、はやく来い。

머뭇거리지말고 빨리 와.

❷ 彼はもう帰りたくてもじもじしていた。

그는 그만 돌아가고 싶어서 머뭇머뭇했다.

❸ もじもじとしてなかなか返事をしない。

망설이면서 좀처럼 대답을 하지않는다.

4 동사 과거형た＋と思うと : ~하자마자, ~하는가 싶더니.

(＝~たと思えば、~たと思ったら)

두 가지 사항이 거의 동시에 잇달아 일어나는 상황을 표현한다.

❶ 先まで泣いていたと思うと、もう笑っている。

조금 전까지 울고 있는가 싶더니 벌써 웃고 있다.

❷ 急に空が暗くなったかと思うと、雨が降ってきた。

갑자기 하늘이 어두워지는가 싶더니 비가 내리기 시작했다.

❸ やっと涼しくなったかと思ったら、今日は蒸し暑くてまるで夏に戻ったみたい。

간신히 서늘해지는가 싶더니 오늘은 후덥지근한 게 마치 여름으로 돌아간 것 같다.

단, 이 문형은 말하는 사람 본인의 행위에 대해서는 사용할 수 없다.

私(わたし)は、うちに帰(かえ)ったと思(おも)うとまた出(で)かけた。(×)

→ 私(わたし)は、うちに帰(かえ)って、またすぐに出(で)かけた。(○)

나는 집에 돌아와서는 다시 곧 외출하였다.

5 동사 ます형＋だす：～하기 시작하다.（＝～はじめる）

「～はじめる」와 마찬가지로 동작, 자연 현상이나 감정 등이 시작됨을 나타낸다.

❶ 彼女(かのじょ)は突然(とつぜん)、「私(わたし)、この仕事(しごと)やめます」と言(い)い出(だ)した。

그녀는 갑자기 "저, 이 일 그만두겠습니다."라고 말을 꺼냈다.

❷ 大雨(おおあめ)で川(かわ)の水(みず)があふれ出(だ)しています。

큰 비로 강물이 넘치기 시작했습니다.

❸ 私(わたし)の質問(しつもん)に彼(かれ)は慌(あわ)て出(だ)した。

나의 질문에 그는 당황하기 시작했다.

❹ テストの時間(じかん)は一時間(いちじかん)です。すぐ書(か)き始(はじ)めてください。

시험 시간은 한 시간입니다. 곧바로 쓰기 시작해주세요.

감정, 생리에 관계되는 동사(泣(な)く、笑(わら)う、怒(おこ)る、慌(あわ)てる、照(て)れる 등)나 소리와 관계되는 동사(鳴(な)る、響(ひび)く、とどろく 등)에는 「～だす」만 사용된다.

MEMO

18. 雪女

小泉八雲

武蔵の国のある村に茂作と巳之吉という二人の木こりがいた。この話のころ、茂作はもう老人で、手伝いの巳之吉の方はまだ18の若者だった。毎日、二人は一緒に村から二里ほど離れた村へ出かけた。途中には広い川があり、そこを舟で渡らねばならない。その渡しには何度か橋が架けられたが、架ける**たびに**水で流されてしまった。水嵩が増すと、普通の橋ではとてももたないのである。

茂作と巳之吉はとあるたいへん寒い夕方、帰り道にひどい吹雪に襲われた。二人は渡しのところまで来たが、渡守は舟を向う岸につないだまま、どこかへ行ってしまっていなかった。とても泳いで渡れるような日ではない。それで二人は渡守の番小屋を借りて

- 木こり：나무꾼
- 渡し：나루터, 나룻배
- 水嵩が増す：(하천 등의) 수량이 늘다, 물이 붇다
- 吹雪：눈보라
- 渡守：나루터 사공
- 番小屋：파수를 보기 위해 세운 조그만 건물, 오두막

寒さをしのぐことにした。こうしてしのげるだけでもありがたかったのである。小屋には火鉢はもちろん、火を焚くような場所もなかった。広さわずか二畳敷の小屋で、戸が一つあるきり、窓はない。茂作と已之吉は戸をしっかり閉めると蓑をひっかぶったまま横に臥した。はじめのうちはさほど寒いとは感じなかった。吹雪はじきに止むだろうくらいに思っていた。

年老いた親方の茂作はすぐ寝入った。が、若い已之吉の方は、恐ろしい風の音、雪がひっきりなしに戸に吹き当たる音を聞きながら、いつまでも寝つかれずにいた。川は囂々と荒れ狂って、小屋はまるで大海に浮かぶ小舟のように軋んで揺れる。それはすさまじい嵐で、夜気は刻々と冷えてくる。已之吉は蓑の下でふるえていたが、それほどの寒気にもかかわらず、ついに眠りに落ちた。

ことば

- しのぐ(5타) : 견디다
- 小屋 : 오두막
- 火鉢 : 화로
- 焚く(5타) : (불을)때다, 지피다
- 二畳敷 : 다다미 두 장이 깔림
- 蓑 : 도롱이
- ひっかぶる(5타) : 뒤집어쓰다, 들쓰다
- 臥す(5자) : 눕다, 드러눕다
- じきに : 곧, 금방=じきに、まもなく
- 止む(5자) : 그치다, 멎다
- 親方 : 인부의 우두머리, 주인
- 寝入る(5자) : 깊이 잠들다=寝付く
- ひっきりなしに : 쉴 새 없이, 끊임없이
- 囂々と : 몹시 시끄럽게, 큰 소리로
- 荒れ狂う(5자) : (바람, 물결 등이)몹시 거칠어지다, 사나워지다
- 軋む(5자) : 삐걱거리다=きしる
- すさまじい : 섬뜩하다, 무시무시하다, 엄청나다
- 夜気 : 밤의 찬 공기, 밤기운
- 刻々と(刻々と) : 시시각각
- 震える(하1자) : (추위, 두려움, 병 등으로)떨리다
- 寒気 : 한기, 추위

2

目を覚ましたのは顔にさらさらと雪が吹き付けたからである。知らぬ間に小屋の戸口が開け放たれている。そして雪明かりに照らされて、女が部屋にいるのが見えた — 全身が白装束の女である。女は茂作の上にかがみこみ、息を吹きかけていた。息は白く光る煙のようだ。と、その時、女は急にこちらへ向き直り、今度は巳之吉の上にも身をかがめた。巳之吉は大声で叫ぼうとしたが、どうしたことか声にならない。だんだん低くかがみこんできて、白い女は顔がいまにも**触れんばかりに**なった。巳之吉は女がたいそう美しいと思った—眼はぞっとするほど恐ろしかったが。しばらく女は巳之吉をじっと見つめていたが、ほほえんでささやいた。

「お前も同じ目にあわせてやろうと思ったが、なんだか不敏になった。お前はあんまり若いから。お前は可愛いから、今度は助けてあげる。しかし今晩のことは誰にも話してはいけない。たといお母さんにでも言えば、ただではおかない。そうしたら命はないよ。いいか、わたしの言いつけをお忘れでないよ。」

というと、女はくるりと背を向けて、戸口から出ていった。すると巳之吉はやっと身動

ことば

- さらさらと : 물건이 서로 가볍게 스치는 소리, 사각사각, 사락사락
- 吹き付ける(하1자) : 바람 등이 세차게 불어서 부딪다
- 戸口 : 문
- 開け放つ(5타) : (창, 문 등을) 활짝 열다, 개방하다
- 照らす(5타) : 비추다
- かがみこむ(5자) : 몸을 수그리며 웅크리다
- 吹きかける(하1타) : (숨을) 세게 내뿜다
- 向き直る(5자) : (몸을 돌려) 방향을 바꾸다, 돌아서다
- ぞっとする : (추위나 무서움으로) 오싹 소름이 끼치다
- 不敏 : 불쌍함
- くるりと : 별안간 한 바퀴 도는 모양, 빙그르르

きが自由になった。飛び起きて、外を見たが、女の姿はもうどこにも見えない。雪は激しく荒れ狂って小屋の中まで吹き込んでくる。已之吉は戸口を閉め、数本の横切れをうちつけて戸が開かぬようしっかり固定した。さっき戸が開いたのは風のせいだろうか。あれは夢だろうか。戸口からさしこむ雪明かりを白い女の姿と取り違えたのだろうか。だが心が落ち着かない。茂作に声をかけたが返事がない。心配で已之吉は暗闇の中を手探りで茂作の顔にさわった。氷のように冷たい。茂作は堅くなって死んでいた。

3

明け方には吹雪が止んでいた。日の出のすこし後に渡守が番小屋に戻ってきたとき、已之吉は凍え死んだ茂作のかたわらに意識もなく横になっていた。だが急いで介抱すると、若者はじきに我に戻った。しかしその恐ろしい一夜の寒さのせいで、その後も長い間、病んで床に伏せていた。已之吉はまた老人が死んだことでもひどく心がおびえていた。それでも白い女の幻を見たことは一言も言わなかった。やがて元気になる

ことば

- 横切れ : 천 조각
- さしこむ(5자) : (햇빛이)들어오다, 들이비치다
- 取り違える(하1자) : 잘못 알다, 잘못 이해하다
- 暗闇 : 어둠
- 手探り : 손으로 더듬음, 암중모색함
- 凍え死ぬ(5자) : 얼어 죽다, 동사하다
- かたわら : 옆, 곁
- 介抱 : 병구완, 간호, 돌봄, 보호
- 病む(5자) : 앓다, 병들다
- 床に臥せる : 병상에 눕다
- おびえる(하1자) : 무서워서 떨다, 겁내다
- 幻 : 환영

と、また仕事にもどった。一人で毎朝村へでかけ、日暮れには薪束を背負って帰ってくる。母がその薪を売るのを手伝ってくれた。

4

翌年の冬のとある夕べ、巳之吉は帰りしなに、たまたま同じ道を急ぐ娘と一緒になった。女はすらりとした、背の高い、たいへん美しい顔立ちで、巳之吉の挨拶にまるで小鳥の歌うような快い声で挨拶を返した。巳之吉は女と並んだ。そして二人は言葉を交わしはじめた。

娘は「お雪」といった。両親を先ごろ亡くして、貧しいながら遠戚がいる江戸へ出る途中だという。女中の口でも見つけてもらうつもりだと言った。巳之吉はじきにこの見知らぬ娘の魅力に惹かれた。見れば見るほど器量よしに思われる。もう誰か相手はいるのか、とたずねると、女は笑って、そんなお方はまだおりません、と答えた。そして今度は女が巳之吉に、もう奥さんはおありか、お約束はおありか、とたずねた。巳之吉は自分は母と二人暮らしで、まだ年も若いから嫁の話は考えたことはない、と言った。こうして互いに身の上を打ち明けてしまうと、何も言わずに長いこと歩いた。が、ことわざにも

ことば

- 薪束：나뭇짐
- 帰りしな：돌아오는 길
- すらりとした：날씬한, 호리호리한
- 顔立ち：이목구비, 얼굴생김새
- 遠戚：먼 친척
- 女中：하녀
- 惹く(5타)：(마음, 이목을)끌다
- 器量よし：용모가 예쁨

言うように「気があれば、目も口ほどにものを言う。」

村に着くころには、二人は互いにたいそう気が合っていた。そこで已之吉はお雪に自分の家でちょっと休んで行かぬか、と誘った。すこし気恥かしげに躊躇した後、女は已之吉について来た。母もにこにこ迎え入れると温かい食べ物をお雪のためにも出してくれた。お雪の立居振舞がいかにも好ましいので、母はすっかり気に入ってしまい、江戸へ行くのをすこし延ばしてはどうかと説き伏せた。そして当然の成り行きながらついに江戸へ**行かずじまい**になった。お雪はその家に嫁となってとどまったのである。

5

お雪は実際、申し分のないよい嫁であった。５年ほど経って、已之吉の母親は亡くなったが、息を引き取る時も、母はお雪に優しい誉め言葉と礼を言って亡くなったほどであった。夫婦の間に二人の子が生まれたが、男の子も女の子も皆そろって可愛らしく、色が白くて美しい。

土地の田舎者たちは、お雪をすばらしい人だ、生まれつき自分たちとは違う人だと思った。百姓女はたいてい早く年をとる。なのにお雪は二人の子どもの母となった後で

ことば

- 躊躇する：망설이다, 주저하다
- 立居振舞：행동거지
- いかにも：매우, 대단히＝まことに
- 説き伏せる(하1타)：설득하다
- 成り行き：일의 경과, 추세, 결과
- 嫁：며느리
- 息を引き取る：숨을 거두다
- 百姓：농부

さえも、はじめて村に来た日と同じようにみずみずしかった。

ある晩、子どもたちが寝ついた後、お雪は行灯の明りをたよりに縫い物をしていた。巳之吉はその姿をつくづくと眺めながらこういった。

「そこで明りに照らされて縫い物をしているお前を見ると、18の時に会った不思議な出来事が思い出されるよ。その時、今のお前とそっくりな白くて美しい人を見たのだ。そういえば、本当によく似ている」

お雪は、針仕事から目をあげずに、言った。

「どんなお人でしたの… どこでお会いになりました。」

そこで巳之吉は渡守の小屋であかした恐ろしい一夜のこと、自分の上にかがみこんでほほえんでささやいた白い女のこと、茂作老人がものも言わずに死んでしまったことなどを話した。そして言った。

「夢にもうつつにも、お前と同じぐらい美しい人を見たのはあの時だけだ。あれはどう見ても人間ではなかった。怖かった。本当にぞっとするほど怖かった。だが実に白い女だった。実際、あの時、夢を見たのか、それとも雪女だったのか、おれには今でも分からない。」

お雪はいきなり縫い物を放り出すと、すっと立ち上がり、座っている巳之吉の上に身をかがめて、その顔に鋭い声を浴びせた。

ことば

- みずみずしい：신선하고 아름답다
- 行灯：등불
- つくづく：곰곰이
- あかす(5타)：밤을 새우다
- うつつ：생시
- 放り出す(5타)：내던지다, 던져내다

「あれは、わたし、このわたし、このお雪でした。一言でもしゃべったら命はないと言ってあったはず。あそこに寝ている子どもたちのことがなければ、この瞬間にもあなたの命を奪ったものを。今となっては子どものことはよくよく面倒を見てください。子どもをいじめでもしたら、容赦しません。」

そう甲高い声で叫ぶうちにも、お雪の声は、風の響きのごとく細くなり、女は白く輝く霧のようになって天井へ舞い上がったかと思うと、震えつつ煙だしの穴から外へ消え、それきり二度見ることはできなかった。

ことば

- 容赦：용서
- 甲高い：(목소리가)날카롭고 드높다

문형 이해

1 ～たびに：～할 때마다 늘, 매번～하다

❶ この写真を眺める度に、昔のことが思い出される。

이 사진을 볼 때마다 옛날 일이 생각난다.

❷ 私の家はJR中央線の側にあって、電車が通る度に家が揺れます。

우리 집은 JR 주오선 옆에 있어서 전철이 지날 때마다 집이 흔들립니다.

❸ 彼は試合を重ねるたびに腕をあげている。

그는 시합을 거듭할 때마다 실력을 높이고 있다.

2 ～きり：：～뿐, ～만

명사, 수량에 붙어서 한정을 나타내거나 동사의 완료형た＋きり의 형태로 '～한 이후로 ～하지않다'의 의미를 나타낸다.

❶ 今日は特別に許しますが、これっきりですよ。

오늘은 특별히 봐주지만 이번 만이예요.

❷ 彼はアメリカに行ったきり、何の音沙汰もなくなった。

그는 미국에 간 이후로 아무런 연락도 없다.

❸ 中村先生とは、5年前にお会いしたきりです。

나카무라 선생님과는 5년 전에 만난 게 마지막입니다.

3 **～んばかりに :** 지금이라도 ～할 듯이

'동사의ない형＋んばかり'의 형태로 보통 문장체에서 동작이 막 이루어지는 듯한 모습이나 정도를 형용한다.

❶ 「黙れ」と言わんばかりに、彼は私をにらみつけた。

마치 '조용히 해'라는 듯이 그는 나를 노려보았다.

❷ 10年ぶりに中国の友人宅を訪ねると、家中の人が私に抱きつかんばかりに歓迎してくれた。

10년 만에 중국의 지인 집을 방문하였더니 집안 식구들 모두 당장이라도 얼싸안을 듯이 환영해주었다.

❸ その知らせを聞いたときの兄は、まるで飛び上がらんばかりの驚きようだった。

그 소식을 들었을 때의 형은 마치 펄쩍 뛸 만큼 놀란듯했다.

✿ 泣き出さんばかりの顔＝今にも泣き出しそうな顔

✿ 椅子が今にも壊れんばかりだ＝椅子が今にも壊れそうだ

4 **～ずじまい :** 결국～하지 않은 채 끝나다

'동사의ない형＋ず＋じまい'의 형태로 후회, 유감, 실망 등의 감정을 나타낸다.

❶ 出さずずじまいのラブレター、そっと広げて懐かしむ。

미처 부치지 못한 러브레터, 가만히 펼쳐보며 그리워한다.

❷ 「結婚しよう」という一言がとうとう言えずじまいだった。

결혼하자는 한마디를 결국 하지 못한 채 끝나버렸다.

❸ やりたいことは山ほどあったが、結局、何もできずじまいでこの歳になった。

하고 싶은 일은 펵이나 많았지만 결국 아무것도 못한 채 이 나이가 되었다.

❹ 高価(こうか)な百科事典(ひゃっかじてん)を買ったものの、ついに読(よ)まずじまいで、本棚(ほんだな)に飾(かざ)ってあるだけだ。
아주 비싼 백과사전을 사고도 여전히 읽지도 못하고 책꽂이만 장식해둘 뿐이다.

✿ 'じまい'는 일부 명사나 형용사 어간에 붙어서 '~을 끝냄'을 의미한다.

店(みせ)じまい、5時(じ)じまい、早(はや)じまい

MEMO

Unit
7

문형으로 익히는

일본어 원서 독해

19. 親

森田良行

「親の心、子知らず」とか、「親子の縁を切る」とか、あるいは「親のすねをかじる」[1)]

「子を持って知る親の恩」

親子に関する諺や格言、慣用句のたぐいは日本語に多い。いちばん遅く生える奥歯を'親知らず'と言うが、これも親が知らない頃になって生えるという特徴からの名づけである。**いずれにしても**日本語には、親子の情を踏まえたことばが多い。**どうも**日本人は親は子に、子は親に対して深い絆と一体感とを持っているらしい。「親を思

ことば

- 縁を切る : 인연을 끊다
- すね : 정강이
- かじる(5타) : 이로 갉다, 갉아먹다
- 諺 : 속담
- 格言 : 격언
- 慣用句 : 관용구
- たぐい : 같은 종류의 것, 비슷한 것, 동류
- 奥歯 : =親知らず。금니
- 名づけ : 이름붙임
- いずれにしても : 어찌되었든
- 踏まえる(하1타) : 힘주어 밟다, 판단의 근거로 삼다, 입각하다
- 絆 : 고삐, 유대
- 一体感 : 일체감

1) 親のすねをかじる : 子が独立して生活できず、親の扶養を受けていること。부모에게 의지해서 살다

う心にまさる親心」で、親の慈愛は核家族とか鍵っ子とか、個人主義が広まってきた現在でも変わることはない。これは悪く言えば、親は子離れしていない、子は親離れしていないということであるが、伝統的な家族制度の観念は、そう一朝一夕には解消しそうもない。

日本語では「親」は単数でも複数でもない。このことばは父でも、母でも、両親でもかまわないということなのだ。英語のparent, parentsとは、その点、ちょっとわけが違う。たとえば、「親たち」と複数接尾語をつけたら、「僕らの親たちはみんな考えが古い」のように、親子関係における複数者の子供たちの、それぞれの親を一まとめにして言うときに用いる。だから、日本語の「親」は「子」に対する概念で、father — motherを対立させた横の関係ではないということになろう。

ことば

- まさる(5자)：(다른 것과 비교해서)낫다, 뛰어나다, 우수하다
- 親心：부모의 마음
- 慈愛：자애
- 核家族：핵가족
- 鍵っ子：맞벌이 부부의 아이
- 個人主義：개인주의
- 広まる(5자)：넓어지다, 널리 퍼지다 ↔ 狭まる
- 子離れ：부모가 자식에게 간섭하지 않고, 자립시키는 일 ↔ 親離れ
- 親離れ：부모로부터 정신적, 경제적으로 독립하는 일 ↔ 子離れ
- 伝統的：전통적
- 制度：제도
- 一朝一夕：わずかな日にち。
- 解消：해소
- 単数：단수
- 複数：복수
- 両親：양친
- かまわない：상관없다
- わけが違う：사정이 틀리다, 다르다
- 接尾語：접미어
- 一まとめ：일괄, 하나로 합침(묶음)
- 用いる(상1타)：사용하다, 이용하다, 채용하다
- 概念：개념
- 対立：대립
- 横：옆, 가로

ここにも日本のタテ社会[2)]が反映しているのだが、親を子に対応させることによって、親はそれを生みだした元であり(そこから祖先とか、元祖とかいった意味が生ずる)、それを支配する頭、長、上に立つもの、さらに一番、元の中心に立つもの、つまりグループの中の主要なもの、主となるほう、大小の関係ならば、大きいほうを指すことになる。

古語では「親」は母や祖母、さらに先祖を指すのだが、これは女系社会の現れで、子を産み出す母親こそ一家の中心、子の上に立つ絶対的な支配者なのである。現代語では「親」のつく語が多い。「生みの親に育ての親、名づけ親」、「親芋、親株、親木」…これは何かを生み出した元、つまり生みの親だ。「近代文学の生みの親」のように、比喩的立場にあるものを指し、「親見出し、子見出し、

ことば

- タテ社会 : 종적 사회, 신분의 상하관계를 중시하는 사회
- 反映 : 반영
- 対応 : 대응
- 祖先 : 선조, 조상
- 元祖 : 원조, 시조, 조상
- 支配する : 지배하다
- 頭 : 우두머리
- 長 : 장, 우두머리, 두목
- 主 : 주인
- 指す : 가리키다, 지목하다
- 古語 : 고어
- 先祖 : 선조
- 女系社会 : 모계 사회
- 支配者 : 지배자
- 親芋 : 땅 속 줄기의 중앙에 있는 큰 덩어리
- 親株 : 원 그루
- 親木 : (접목할 때의) 대목, 원 나무
- 近代文学 : 근대문학
- 比喩的 : 비교적
- 親見出し : 사전에서 독립항목으로서 굵은 글자로 표시된 표제어
- 子見出し : 사전에서 표제어 밑에 딸리는 작은 표제어

---

2) タテ社会 : 人間関係における上下の序列が重視される社会。日本の社会構造の特徴とされる。종적 사회.

扇子の親骨、親指、小指」と、主要なほう、大きいほうには親、従のほう、小さいほうには子を当てる。なんと日本語には親子に関することばが多いことか。

今日、大人と子供を対応させるが、「子供」というと、昔は特に小さい子、幼児に限ったようである。親に対するのはやはり「子」で、「子は三界の首っ枷」[3]ということばもあるように、親にとって子は一生を束縛される対象であったが、同時に「子はかすがい」[4]と諺に言うごとく、夫婦の仲をつなぎ止める大事な役割も担っていた。

まことに子は親に対する相手で、それがマイナスにもプラスにも働くという、**いかにも**日本的なとらえ方ではないか。

『日本語をみがく小辞典』より

ことば

- 扇子(せんす) : 접부채
- 親骨(おやぼね) : 접부채 양끝의 굵은 살
- 親指(おやゆび) : 엄지손가락
- 小指(こゆび) : 새끼손가락
- 従(じゅう) : 종
- 幼児(ようじ) : 유아
- 三界(さんがい) : 온 세계, 과거현재미래
- 首っ枷(くびかせ) : くびかせ, 목 칼, 족쇄
- 束縛(そくばく) : 속박
- 対象(たいしょう) : 대상
- かすがい : 꺽쇠, 사람과 사람을 연결해 묶는 역할을 하는 것
- 仲(なか) : 사이
- つなぎ止(と)める(하1타) : 연결해 묶다
- 役割(やくわり) : 역할
- 担(にな)う(5타) : 메다, (책임 등을) 떠맡다
- まことに : 참으로, 실로

---

3) 子は三界の首っ枷 : 親は子への愛情にひかされて一生苦労の絶え間がない。자식은 평생의 멍에.

4) 子はかすがい : 子に対する愛情がかすがいになって、夫婦の縁がつなぎ保たれる。자식은 부부의 꺽쇠.

문형 이해

1 どうも～らしい(そうだ、ようだ) : 아무래도～인듯하다. (추측)

❶ 彼の言ったことは、どうも全部うそのようだ。

그가 말한 것은 아무래도 전부 거짓말인 듯하다.

❷ 医者はまだはっきり言ってないが、父の病気はどうもガンらしい。

의사는 아직 확실히 말하지 않지만 아버지의 병명은 아무래도 암인 듯하다.

❸ この空模様では、どうも雨になりそうだ。

하늘 모양을 보니 아무래도 비가 올 것 같다.

2 いずれにしても : 어찌되었든. (＝いずれにしろ、いずれにせよ)

❶ 後遺症が出る可能性もあるが、いずれにしても回復に向かっていることだけは確かだ。

후유증이 생길 가능성도 있지만 어찌 되었듯 회복 중에 있는 것만큼은 확실하다.

❷ もっといい機種が出るまで待ってもいいけれど、いずれにしろいつかはパソコンを買わなければならないのなら、この機会に買ってしまったらどうか。

더 좋은 기종이 나올 때까지 기다려도 좋지만 어쨌든 조만간 컴퓨터를 사야만 되는 거라면 이 기회에 사면 어때?

❸ 今後誰にこのプロジェクトを任せるかは未定だが、いずれにせよ彼にはやらせたくない。

앞으로 누구에게 이 프로젝트를 맡길 것인지는 미정이나 여하튼 그에게 맡기고 싶지는 않다.

3 동사 ます형+そうも(に、にも)ない：~일 것 같지도 않다.~일 가능성이 희박하다.

❶ 雨(あめ)は夜(よる)になっても止(や)みそうもなかった。

비는 밤이 되어도 그칠 것 같지 않았다.

❷ 仕事(しごと)は明日(あす)までには終(お)わりそうもない。

일은 내일까지 끝날 것 같지도 않다.

❸ 社長(しゃちょう)は歳(とし)をとってはいるが、元気(げんき)だからなかなか辞(や)めそうにもない。

사장은 나이는 들었지만 건강하므로 좀처럼 사퇴할 것 같지도 않다.

4 いかにも：정말로, 매우(＝まことに、まったくそのとおりだ、確(たし)かに)

❶ 新(あたら)しい電子(でんし)レンジはいろいろな機能(きのう)がついていかにも便利(べんり)そうだ。

새로운 전자레인지는 여러 가지 기능이 딸려있어 정말로 편리할 것 같다.

❷ いかにもあわれな姿(すがた)で、泣(な)かずにはいられなかった。

참으로 불쌍한 모습이어서 울지 않을 수 없었다.

❸ 今日(きょう)はいかにも秋(あき)らしい天気(てんき)だ。

오늘은 정말 가을다운 날씨이다.

20. 21世紀のおそろしさ

森本哲郎

もうかなり前のことだが、画家の藤田吉香氏とスペインを旅したことがある。その時、私が意外に思ったのは、彼がカメラを持たず、どんな場所へ行っても記念撮影にさえ全く関心を示さないことだった。反対に私は、ちょっとでも面白いと思った風景に立ち会うと、**やたらに**カメラのシャッターを押した。

そんな私を見て、彼は不思議そうに、「どうしてそんなに写真を撮るのかね」と聞いた。「どうして君は写真を撮らないんだ」と私は反問した。画家なら私以上にいろいろな風景を撮っておきたくなるのではないかと思ったのだ。すると彼はこう言った。

「いい景色があったら、覚えておけばいいじゃないか」

ことば

- 画家：화가
- 旅する：여행하다
- 撮影：촬영
- 関心を示す：관심을 보이다
- やたらに：むやみに。함부로, 무턱대고
- 写真を撮る：사진을 찍다
- 反問する：반문하다
- 風景：풍경

「覚えとけって、そういちいち覚えきれるもんじゃない。**せっかく**こうして旅に出たんだから、せめて記念にフィルムに収めておかなくちゃ」

「それは君がまじめに風景を見てないからだ。本気で一所懸命に見れば忘れるもんじゃない」と藤田氏は言い、「カメラという便利な機械があると、つい、それに頼って人間は対象を見つめなくなるんだな」とつぶやいた。「で、そんなにたくさん写真を撮って、君は帰ってからその写真をじっくりと見たことがあるのかい」

そう言われて、私はギクとした。何十本、時には一回の旅で百本以上のフィルムにさまざまな風景を収めながら、実をいうと、私はそのほとんどを見たことがないのだ。なるほど、藤田氏の言うとおりである。カメラに頼れば、無意識のうちに風景を真剣に見つめなくなる。人生は日々、一期一会である。その心構えがしだいに薄れて、人生を漠然とした安心感だけで**やり過ごしかねなくなる**。私はいたく反省した。だが、こうした人間の易きにつく本性について、すでに二千年以上も前に荘子がちゃんと

ことば

- いちいち : 일일이, 하나하나, 모두
- せっかく : 모처럼, 애써
- 本気で : 진심으로, 본심으로
- 頼る(5자) : 의지하다, 믿다
- 対象 : 대상
- つぶやく(5자) : ぶつぶつと小声で言う。중얼거리다, 투덜거리다
- じっくりと : 시간을 들여 꼼꼼하게 하는 모양, 차분하게, 여유 있게
- ギクとする : 움찔하다, 깜짝 놀라다
- 収める(하1타) : 넣다, 챙기다, 담다, 받다
- ほとんど : 거의, 대부분
- 真剣に : 진심으로, 진지하게
- 一期一会 : 生涯にただ一度まみえること, 一生に一度限りであること。일생에 한번뿐인 만남
- しだいに : 徐々に。점차로
- 薄れる(상1자) : 엷어지다, 약해지다, 희미해지다
- 漠然とした : 막연한
- やり過ごす(5타) : 지나가게 내버려두다, (뒤에서 오는 사람을)앞서 가게 하다
- 反省 : 반성
- 易き : 쉬움, 용이
- 本性 : 본성
- 荘子 : 장자

警告しているものである。彼はこう言っているのだ。「機械あれば必ず機事あり、機事あれば必ず機心あり」すなわち、機械を使うと必ず機械に依存する仕事が増える。仕事が増えれば、いよいよ機械に頼らなければならなくなる。するとやがて必ず機械に頼る心が生じ、それが健康な人生の営みを損ね、「道」からいよいよ遠のいてしまうというのだ。

だからといって、私は機械を無用**だの**、悪**だの**、というつもりはない。それどころか、現代の生活に機械がどれほど貢献しているか、私たちが機械の恩恵をどれほどこうむっているか、私は身にしみて感じている。問題はどのように機械を使うか、いかにして機心を戒め、人間らしい充実感を持って生きることができるか、ということなのである。

私がいまさらのようにこんなことを反省するのも、実は20世紀がまさしく、「機械の世紀」であり、21世紀はさらに「機械万能の世紀」になることが確実だからだ。そして機事はいよいよ増え、それとともに機心がますます増大してゆくことを憂えるゆえである。複写機

ことば

- 警告：경고
- 依存する：의존하다
- いよいよ：ますます。더욱 더, 점점
- やがて：まもなく、そのうちに。이윽고, 머지않아, 얼마 안 있어
- 生じる(상1자타)：=生ずる。생기다, 발생하다
- 営み：영위
- 損ねる(하1타)：=損なう。파손하다, 망가뜨리다, (기분, 건강, 성질 등을)상하게 하다
- 遠のく(5자)：멀어지다, 멀리 물러나다
- だからといって：그렇다고 해서
- 無用：무용, 쓸데없음
- 貢献：공헌
- 恩恵をこうむる：은혜를 입다
- 身にしみる：마음속 깊이 느끼다, 절실하게 느끼다
- 戒める(하1타)：훈계하다, 경고하다
- 充実感：충실감
- 機械万能：기계만능
- 増大：증대
- 憂える(하1타)：걱정하다, 우려하다, 한탄하다
- ゆえ：까닭, 이유
- 複写機：복사기

は大切な文章を書き写すという作業を無用なものにしてしまった。コンピューターは記憶の容量を一挙に拡大し、それを一枚のフロッピーに簡単に保存してくれるようになった。それは確かに偉大な技術の進歩である。

だが、人間の本質とは記憶で成り立っているのだ。人生とは記憶の集積なのである。そのように貴重な記憶のすべてを機械に譲り渡してしまったなら、人間にいったい何が残るだろうか。記憶など必要としない人々の群れ、それは歴史を失った人間であり、ただ現在だけを条件反射的に、あるいは要領よく生きる人たちと言っていい。20世紀のおそろしさ、そして、21世紀の何よりの不気味さは、そのような、「ポストモダン」人を着々と生み出していることにあると私は思う。

ことば

- 作業：작업
- 一挙に：일거에, 단숨에, 단번에
- 拡大：확대
- 偉大：위대
- 技術：기술
- 進歩：진보
- 成り立つ(5자)：이루어지다, 성립되다
- 集積：집적. 모여서 쌓임
- 譲り渡す(5타)：물려주다, 양도하다
- 群れ：무리
- 条件反射的：조건반사적
- 要領：요령
- 不気味：어쩐지 불안함, 어쩐지 무서움(으스스함)
- 着々：착착

문형 이해

1 **やたらに：(정도가 심하거나 질서가 없는 모습)함부로, 무턱대고, 마구, 몹시 (=やたらと, むやみに)**

❶ 今日はやたらに忙しい一日だった。

오늘은 몹시 바쁜 하루였다.

❷ 最近やたらにのどが乾く。なにか病気かも知れない。

최근에는 전에 없이 몹시 목이 마르네. 무슨 병인지도 몰라.

❸ 今年の夏はやたらに雨が多かった。

올 여름은 정말 비가 많이 내렸다.

❹ 彼女はやたらに食器を買い込むくせがある。

그녀는 무턱대고 식기를 사들이는 버릇이 있다.

2 **せっかく：모처럼, 애써.**
어떤 사항이 말하는 이에게 있어 상당히 가치가 있음을 표명하는 모습을 나타낸다. 보통은 「せっかく～から」,「せっかく～のに」처럼 원인이나 역접의 문맥이 이어진다.

❶ せっかく来たのだから夕飯を食べて行きなさい。

모처럼 왔으니 저녁 먹고 가.

❷ せっかくおしゃれをしたのだから、どこかいいレストランへ行きましょう。

애써 차려 입었으니까 어딘가 좋은 레스토랑에 갑시다.

❸ せっかくいい天気なのに、かぜをひいてどこにも行けない。

모처럼 날씨가 좋은데 감기에 걸려 아무데도 갈수 없다.

④ せっかくの努力が水の泡になってしまった。

모처럼 애쓴 노력이 물거품이 되어버렸다.

3 동사 ます형+かねない : ~하기 쉽다, ~할 위험성이 있다.

「동사 ます형+かねる」가 ~하기 어렵다, ~하기 곤란하다의 의미를 지니므로 그 부정형인「동사 ます형+かねない」는 어떤 사항이 그럴 가능성이 높다는 의미로 사용된다.

❶ 残念ながら、そのご意見には賛成しかねます。

유감이지만, 그 의견에는 찬성하기 어렵습니다.

❷ 君は彼を信じきっているようだが、私は彼ならあんなひどいことをやりかねないと思う。

자네는 그를 철석 같이 믿고 있는 것 같지만, 나는 그라면 그런 터무니없는 일을 할 가능성이 높다고 생각하네.

❸ 政府の今回の決定はいくつかの問題点もあり、国民の反発を招きかねない。

정부의 이번 결정은 몇 가지 문제점도 있어 국민의 반발을 사기 쉽다.

❹ 今回の洪水は二次災害を引き起こしかねないものであり、対策を急がなければならない。

이번 홍수는 이차 재해를 불러일으킬 위험성이 있어 대책을 서둘러야만 한다.

✿「~かねない」는 의미상,「~かもしれない」「~ないとは言えない」과 가까우나, 말하는 이가 부정적인 평가를 내릴 때에만 사용한다.

① 私の子どものこの病気は治りかねない。(×)

우리 아이의 이 병은 낫기 쉽다.

② 私の子どものこの病気は治るかもしれない。(○)

우리 아이의 이 병은 나을지도 모른다.

4 だからといって : 그렇다고 해서

앞의 진술을 일정부분 인정하지만 그렇다고 뒤의 진술을 그대로 수용하지는 않는다는 뜻을 나타낸다. 부정 표현을 동반하는 경우가 많다.

① 私は彼が好きです。だからといって、彼のすることは何でもいいと思っているわけではありません。

나는 그를 좋아합니다. 그렇다고 해서 그가 하는 일은 뭐든지 좋다고 생각하는 건 아닙니다.

② 確かにあの会社は待遇がいい。しかしだからと言って10年以上も働いているここを辞めるつもりはない。

확실히 그 회사는 대우가 좋다. 그러나 그렇다고 해서 10년 이상이나 일하고 있는 이곳을 그만둘 생각은 없다.

③ 毎日忙しい。しかしだからと言って自分のすべき仕事を人にやらせるのはずるい。

매일 바쁘다. 그러나 그렇다고 해서 자신이 해야만 할 일을 남에게 시키는 건 뻔뻔하다.

④ 今この店で買うと50パーセント引きだそうだ。だからといって、要らないものを買う必要はない。

지금 이 가게에서 사면 50% 깎아 준다고 한다. 그렇다고 해서 쓸 데 없는 것을 살 필요는 없다.

5 ～だの, ～だの : ～라는 등, ～라는 등.(=～とか, ～とか、～やら)

「～やら」「～とか」와 같이 여러 가지를 열거하는 의미인데 때로는 '여러 가지 말이 많아 시끄럽다'라는 부정적인 뜻을 나타내기도 한다.

① 彼女は市場に出かけると、肉だの野菜だの持ちきれないほど買ってきた。

그녀는 시장에 가면 고기나 야채 등을 다 가지고 올수 없을 만큼 사왔다.

② 同窓会には中村だの池田だの、20年ぶりのなつかしい顔がそろった。

동창회에는 나카무라나 이케다 등, 20년 만에 그리운 얼굴들이 모두 모였다.

③ 彼は給料が安いだの休みが少ないだのと文句が多い。

그는 급여가 낮다는 둥 휴일이 적다는 둥, 불평이 많다.

④ あの人はいつ会っても会社を辞めて留学するだのなんだのと実現不可能なことばかり言っている。

저 사람은 언제 만나도 회사를 그만두고 유학 간다는 둥 어쩐다는 둥, 실현 불가능한 일만 말하고 있다.

21. 字のないはがき

向田邦子

死んだ父は筆まめな人であった。私が女学校1年で始めて親元を離れたとき、3日にあげず[1]手紙をよこした。当時、保険会社の支店長をしていたが、一点一画もおろそかにしない大ぶりの筆で、「向田邦子殿」と書かれた表書きを初めて見たときは、ひどくびっくりした。父が娘あての手紙に「殿」を使うのは当然なのだが、つい4、5日前まで、「おい、邦子！」と呼び捨てにされ、「ばかやろう！」の罵声やげんこつは日

ことば

- 筆まめ : (귀찮아하지 않고)편지나 글을 부지런히 씀, 또는 그런 사람↔筆不精
- 親元 : 부모님 곁
- 手紙をよこす : 편지를 보내오다
- 一点一画 : 한 점 한 획
- おろそか : 소홀함, 등한함, 적당히 함
- 大ぶり : 크게 휘두름
- 殿 : 님, 씨, 귀하
- 表書き : 편지 겉봉에 쓴 주소나 성명
- あて : (사람이나 단체 등의 명사에 붙어)~앞
- つい : (시간이나 거리적으로)조금, 바로
- 呼び捨て : 경칭을 붙이지 않고 성이나 이름만을 부름
- 罵声 : (큰소리로)욕하는 소리
- げんこつ : 주먹. 변하여 꿀밤을 먹이는 일

1) 3日にあげず : 사흘이 멀다하고

常のことであったから、突然の変りように、こそばゆいような、はれがましいような気分になったのであろう。

　文中、私を貴女と呼び、「貴女の学歴では難しい漢字もあるが、勉強になるからまめに字引をひくように」という訓戒も添えられていた。暴君であったが、反面照れ性でもあった父は、他人行儀という形でしか13歳の娘に手紙が書けなかったのであろう。**もしかしたら**、日頃、気恥かしくて演じられない父親を、手紙の中でやってみたのかもしれない。手紙は1日に2通来ることもあり、1学期の別居期間にかなりの数になった。私は輪ゴムで束ね、しばらく保存していたのだが、いつとはなしにどこかへいってしまった。父は64歳で亡くなったから、この手紙のあと、かれこれ30年付き合ったことになるが、優しい父の姿を見せたのは、この手紙の中だけである。

ことば

- こそばゆい：照れくさい。간지럽다, 쑥스럽다
- はれがましい：영광스럽다, 명예롭다, 으쓱하다
- 学歴：학력
- まめに：まじめに。열심히, 성실히
- 字引を引く：사전을 찾다
- 訓戒：훈계
- 添える(하1타)：첨부하다, 곁들이다
- 暴君：폭군
- 照れ性：수줍음을 잘 타는 성질
- 他人行儀：(친한 사이인데도) 남남처럼 서먹서먹하게 대함
- 気恥かしい：어쩐지 부끄럽다, 멋쩍다, 어색하다
- 演じる(상1타)：연기하다
- 別居：별거
- 束ねる(하1타)：묶다, 다발을 짓다
- 保存：보존
- いつとはなしに：어느 사이에, 언제인지 모르게

2

この手紙もなつかしいが、もっとも心に残るものと言われれば、父があて名を書き、妹が「文面」を書いた、あのハガキということになろう。

終戦の年の4月、小学校1年の末の妹が甲府に学童疎開[2]をすることになった。すでに前の年の秋、同じ小学校に通っていた上の妹は疎開をしていたが、下の妹はあまりに幼く不敏だというので、両親が手放さなかったのである。ところが、3月10日の東京大空襲で、家**こそ**焼け残った**ものの**命からがらの目にあい、このまま一家全滅するよりは、と心を決めたらしい。

妹の出発が決まると、暗幕[3]を垂らした暗い電灯の下で母は当時貴重品になっていたキャラコ[4]で肌着を縫って名札をつけ、父はおびただしいハガキにきちょうめんな筆

ことば

- あて名：(우편물, 서류 등에 쓰는)상대편의 이름, 또는 주소
- 文面：문장이나 편지에 나타나 있는 내용
- 終戦：종전
- 不敏：かわいそう。불쌍함
- 手放す(5타)：손에서 놓다, 자식 등을 곁에서 멀리 떠나보내다, 떼어놓다
- 東京大空襲：동경 대공습
- 焼け残る(5자)：불에 타지 않고 남다, 화재를 모면하다
- 命からがら：겨우 목숨을 부지하고, 간신히, 가까스로
- 目にあう：(어떠한 사정이나 상황에)직면하다, 당하다
- 全滅：전멸
- 暗幕を垂らす：암막을 드리우다
- 貴重品：귀중품
- 肌着：내의
- 縫う：바느질하다, 꿰매다
- 名札：명찰, 이름표
- おびただしい：非常に多い、大きい。엄청나다, (수량이) 굉장히 많다
- きちょうめん：꼼꼼하고 규칙적임

---

2) 学童疎開：太平洋戦争の末期に、戦争の災害を避けるため、大都市の小学生を集団的、または個人的に地方都市や農村へ移住させたこと。아동 소개.

3) 暗幕：室内を暗くするために、外部の光線が入らないように出入り口や窓に張る黒い幕。암막.

4) キャラコ(calico)：옥양목(빛이 희고 얇은 고운 무명).

で自分あてのあて名を書いた。

「元気な日は○を書いて、毎日1枚ずつポストに入れなさい」と言って聞かせた。妹は、まだ字が書けなかった。あて名だけ書かれたかさ高なハガキの束をリュックサックに入れ、雑炊用のドンブリを抱えて、妹は遠足にでも行くようにはしゃいで出かけていった。

1週間ほどで、初めてのハガキが着いた。紙いっぱいはみ出すほどの、威勢のいい赤鉛筆の大マルである。付き添って行った人の話では、地元婦人会が赤飯やぼた餅を振る舞って歓迎してくださったとかで、かぼちゃの茎まで食べていた東京に比べれば大マルにちがいなかった。

ところが、次の日からマルは急激に小さくなっていた。情けない黒鉛筆の小マルは、ついに×に変った。そのころ、少し離れた所に疎開していた上の妹が、下の妹に会いに行った。下の妹は、校舎の壁に寄りかかって梅干しのたねをしゃぶっていたが、姉の姿を見ると、たねをぺっと吐き出して泣いたそうだ。

ことば

- かさ高：(무게에 비해)부피가 큼
- 雑炊用のドンブリ：죽을 담는 사발
- 抱える(하1타)：안다, 껴안다, 감싸다
- 遠足：소풍
- はしゃぐ(5자)：들떠서 (신이 나서)떠들다
- はみ出す(5자)：비어져 나오다, 불거져나오다, 초과하다
- 威勢：위세, 기운
- 付き添う(5자)：따라가다, 시중들다
- 地元：그 고장
- 赤飯：팥밥
- ぼた餅：(찹쌀과 멥쌀을 섞어 만든)경단
- 振る舞う(5타)：대접하다, 향응하다
- 歓迎：환영
- かぼちゃ：단 호박
- 茎：줄기, 대
- 比べる(하1타)：비교하다, 견주다
- 急激：급격
- 情けない：한심하다, 딱하다, 비참하다
- 校舎：학교 건물, 교사
- 壁：벽
- 寄りかかる(5자)：기대다, 의지하다
- 梅干し：매실 장아찌
- しゃぶる(5타)：입에 넣고 핥다
- ぺっと吐き出す：캑하고 뱉어내다

3

まもなく×のハガキも来なくなった。三月目に母が迎えに行った時、百日咳をわずらっていた妹は、しらみだらけの頭で三畳の布団部屋に寝かされていたという。

妹が帰ってくる日、私と弟は家庭菜園のかぼちゃを全部収穫した。小さいのに手をつけるとしかる父も、この日は何も言わなかった。私と弟は、一抱えもある大物からてのひらに載るうらなりまで、20数個のかぼちゃを一列に客間に並べた。これぐらいしか妹を喜ばせる方法がなかったのだ。

夜遅く、出窓で見張っていた弟が、「帰ってきたよ！」と叫んだ。茶の間に座っていた父は、はだしで表へ飛び出した。放火用水桶の前で、やせた妹の肩を抱き、声を上げて泣いた。私は父が、大人の男が声を立てて泣くのを初めて見た。

あれから31年。父は亡くなり、妹も当時の父に近い年になった。だが、あの字のないハガキは、だれがどこにしまったのかそれともなくなったのか、私は一度も見ていない。

ことば

- 百日咳 : 백일해(병명)
- わずらう(5자타) : 앓다, 병이 나다
- しらみ : 이
- 寝かす(5타) : 재우다, 누이다
- 家庭菜園 : 채마밭, 텃밭
- 収穫する : 수확하다
- 叱る(5타) : 꾸짖다, 나무라다
- 一抱え : 한 아름
- 大物 : 큰 것
- 載る(5자) : 위에 놓이다, 실리다
- うらなり : (오이, 호박 등의)끝물
- 一列に : 일렬로
- 客間 : 객실, 응접실
- 出窓 : 벽면 밖으로 튀어나온 창
- 見張る(5타) : 망보다, 지키다
- 茶の間 : 거실
- はだし : 맨발
- 表 : 현관
- 飛び出す(5자) : 뛰어나가다
- 放火用水桶 : 방화용 물통
- 抱く(5타) : 안다, 끌어안다

문형 이해

1 つい：(시간, 거리) 조금, 바로(＝すぐ、じきに) / 무심코, 그만, 어느덧. (＝うっかり、思わず)

❶ あの有名な俳優がついさっき目の前を通っていった。

그 유명한 배우가 방금 전 눈앞으로 지나갔다.

❷ 人々はつい最近まで携帯電話なしでも何の不自由なく生活していた。

사람들은 불과 얼마 전까지 휴대전화 없이도 아무런 불편 없이 생활하고 있었다.

❸ 太ると分かっていながら、あまりおいしそうなケーキだったので、つい食べてしまった。

살찔 거라고 알고 있으면서 너무나도 맛있어 보이는 케이크였기에 그만 먹어 버렸다.

❹ 友だちとのおしゃべりが楽しくて、つい帰りがおそくなってしまった。

친구들과의 수다가 즐거워서 그만 귀가가 늦어져버렸다.

2 もしかしたら：어쩌면, 혹시. (＝もしかすると、もしかして、ひょっとすると)

❶ 遅いね。もしかしたら事故にでもあったんじゃない。

늦네. 어쩌면 사고라도 난 거 아니야?

❷ もしかしたら彼は二度と国へ帰らないかもしれない。

어쩌면 그는 두 번 다시 고향에 돌아가지 않을지도 몰라.

③ ひょっとすると今度のテストで一位になるかも。

어쩌면 이번 시험에서 일등할지도(모르겠네).

3 あまりに(も)～ので : 너무나도 ～이므로.

① あまりにもさびしいので、一人でお酒でも飲みにいこうかと思っていたところです。

너무나도 쓸쓸해서 혼자 술이라도 마시러 갈까하고 생각하고 있던 참입니다.

② 母の小言があまりにうるさかったので、部屋の掃除をせざるを得なかったんです。

엄마 잔소리가 너무나도 시끄러워서 방 청소를 하지 않을 수 없었다.

③ ゆったりしたシャツが好きだが、これはあまりにも大きすぎる。

품이 넉넉한 셔츠를 좋아하지만 이건 너무나도 커.

4 こそ～ものの : ～는 ～이기는 하지만.(= こそ～が)
「～けれども、～ても」의 뜻을 역설적으로 강조하는 표현법.

① 苦労こそあるものの、やはり子育ては楽しいものです。

고생이기는 하지만 역시 아이를 키우는 건 즐거운 거예요.

② このくつはデザインこそ古いが、とても歩きやすい。

이 구두는 디자인은 낡았지만 정말 걷기 편하다.

③ あの学生は宿題こそきちんと提出するけれども、試験をしてみると何も分かっていないことが分かる。

그 학생은 숙제는 꼬박꼬박 제출하지만 시험을 치르게 해 보면 아무것도 모르고 있다는 것을 알 수 있다.

MEMO

 이용미

- 한국외국어대학 일본어과 및 동대학교 대학원 일본어과 졸업(석사)
- 일본 주오대학(中央大学) 국문과 박사 과정 졸업(박사)
- 한국외국어대학교 일본연구소 연구원
- 고려대학교 강의
- 현재 명지전문대학 일본어과 부교수
  (비즈니스 일본어과 주임교수)

저서
- 『일본어 통번역 연습』(2006), 태광문화사.
- 『인터넷 일본어』(2007), 제이앤씨.
- 『일본인의 삶과 종교(공저)』(2007), 제이앤씨
- 『그로테스크로 읽는 일본문화(공저)』(2008), 책세상.(문광부 추천 우수 도서)
- 『오토기소시슈(역서)』(2010), 제이앤씨.(문광부 추천 우수 도서)
- 『일본어 고급문장 독해』(2011), 제이앤씨.

논문
- <딸에서 효녀로의 변신-심청가와 사요히메의 비교>
- <일본 여성의 원한과 진혼>
- <일본 중세문예에 나타난 아동관의 고찰>
- <센과 치히로의 행방불명에 나타난 유곽의 메타포> 외 다수.

문형으로 익히는
일본어 원서 독해

초판 1쇄 인쇄 2013년 2월 20일
초판 1쇄 발행 2013년 2월 27일

저　자 이 용 미
발 행 인 윤 석 현
발 행 처 제이앤씨
책임편집 최인노
등록번호 제7-220호

우편주소 ㊤ 132-702 서울시 도봉구 창동 624-1
북한산 현대홈시티 102-1106
대표전화 02) 992 / 3253
전　송 02) 991 / 1285
홈페이지 http://www.jncbms.co.kr
전자우편 jncbook@hanmail.net

ISBN 978-89-5668-935-7 93730 정가 13,000원